林 創 著

子どもの社会的な心の発達

コミュニケーションのめばえと深まり

金子書房

プロローグ――社会的な心の発達を支える三つのこと

優れた監督や脚本から構成される映画やドラマは、人の心の働きや変化を視覚的に知る手がかりに満ちています。たとえば、ビリー・ワイルダーの映画に、『アパートの鍵貸します』という哀愁漂うラブコメディの名作があり、この作品に次のようなシーンがあります。

保険会社に勤めていて、冴えないけれども人のよい独身のバクスターは、会社のエレベーターガールであるフランに思いを寄せています。そんなバクスターには秘密がありました。実は、上司たちに彼らの愛人との逢引場所として自分のアパートの部屋を貸しているのです。それは自分の昇進に有利になると考えていたからです……と、このように書くと少し下品な感じですが、実はとてもオシャレな映画です。

ある日、バクスターは、アパートの部屋を貸しているといううわさを聞きつけた人事部長のシェルドレイクに呼び出され、新たにシェルドレイクにもアパートの鍵を貸す羽目になります。実は、シェルドレイクはフランと不倫の関係にあり、逢引場所にバクスターの部屋を使おうと考えたのですが、バクスターはそのことを知りません。バクスターは部屋を貸した引き換えに、係長に出世し、会社で個室も得ます。

逢引の翌日、シェルドレイクは会社のバクスターの個室にやってきて、雑談します。アパートの自分の部屋で落とし物を見つけていたバクスターは、「ソファに落ちていました」と言って、ひび割れた鏡をシェルドレイクに渡します。シェルドレイクは礼を言って個室を出ていきます。

数日後、出世して気分も最高のバクスターは、思いを寄せるフランを会社の自分の個室に連れてきます。そして、買ったばかりという帽子を被って、似合っているかどうかを聞きます。フランは「素敵よ」と言って、鏡をバクスターに渡します。バクスターはその鏡を手に取り、カバーを開けて得意げに自分の姿を見ようとします。ところが**その瞬間、鏡がひび割れているのに気づき、表情が一気に曇ります**。そうです、そのひび割れた鏡は、バクスターがシェルドレイクに渡したものだったからです。「なぜ、シェルドレイクに渡した鏡を、フランが持っているのか……」と、その瞬間すべてを悟ったのです。しかし、バクスターは平静を装い、フランと会話を続けるのです……。

このシーンは、日常にもありそうな何気ないシーンですが、心理学を専門とする私は深いもの

を感じます。次のような三つのポイントを感じたからです。

第一に、ひび割れた鏡を見た瞬間に、表情が一気に曇ったバクスターは「フランがシェルドレイクとつきあっている」ことを**知ってしまった**のだと、多くの人（視聴者）は感じるという点です。しかし、ここでバクスターは何も発話していません。ただ表情が変わっただけです。それにもかかわらず、私たちはバクスターの考えていることを無意識かつ自動的に感じとってしまいます。それは、私たちが「**心の理論**」というものをもっているからなのです。このように、他者（バクスター）の行動（ここでは、表情の変化）を、心の状態（バクスターが「考えていること」）を想定して理解することを心の理論とよびます。

第二に、バクスターは谷底に突き落とされたような傷心を抱き、「シェルドレイクとつきあっているのか？」と確認したい思いにとらわれながらも平静を装い、言葉にしなかった、つまり「自分の行動を意識的にコントロールしていた」ことです。ここでそれを言ってしまったら、せっかくのフランとの和やかな雰囲気を壊してしまいます（幼い子どもでしたら、きっと言葉に出してしまうことでしょう）。このように目標（この場合、「場の空気」に合わせる）に応じて注意や行動をコントロールする能力を「**実行機能**」とよびます。バクスターは、実行機能が働いていたのです。

第三に、バクスターは、自分の心の弱さに気づいています。上司たちの逢引場所として自分のアパートの部屋を貸してしまう自分の人のよさ、それが昇進に有利と考える自分の浅ましさ、フランは自分に気があると都合よく考えていたこと……など。こんなつらい思いをすることになったのも、「都合よく物事をとらえる自分の思考の軽薄さ」が原因なのだと悟るのです。バクスターは、「自分の認知の傾向」について認知したのです。これは「**メタ認知**」とよばれます。バクスターはメタ認知を働かせたのです。

このように、このシーンには心の理論、実行機能、そしてメタ認知の働きが読み取れます。これらの三つは、心理学でさかんに研究されている重要な概念です。

「子どもの社会的な心の発達の鍵は何か?」と問われれば、たくさんの答えがありえます。たとえば、「言語の獲得」と答える方もいれば、「愛着」をあげる方もいるでしょう。どれも重要ですが、本書で、「心の理論」「実行機能」「メタ認知」の三つに着目したいと思います。これらは児童期までに大きな発達があり、人間特有のさまざまな能力や行動を生み出しているからです。また、これらを知ることで子どもとかかわる教育のヒントも見えてくると思われます。

そこで、本書ではこの三つの概念を随所に盛り込みながら、人間の社会性やコミュニケーションの発達の様子を見ていくことにしましょう。

目次

装幀／本文イラスト　岡田真理子
（42、73頁のイラストは除く）

第1章

他者の心の理解

人間は社会的な存在です。誰でも一人では生きていけません。他者を援助したり、助けてもらったり、ときには自分に都合のよいようにうそをついたり、そうした行為の善悪を判断したりして、つまり他者とかかわることの繰り返しによって、さらに言いかえれば、「コミュニケーション」の反復によって、人間は成長していきます。このコミュニケーションという言葉は、日常でとてもよく使われますが、いったい何を意味するのでしょうか?

コミュニケーションとは、簡潔にいえば「情報のやりとり」を意味します（有斐閣『心理学辞典』参照）。この定義に沿うと、人間以外の動物もコミュニケーションを行なうことは明白です。たとえば、ミツバチは蜜のありかを見つけると、巣に戻り、その入り口で収穫ダンスを行ないます。このダンスの形やスピードには、巣から蜜源までの方向や距離が符号化されており、ほかのハチはそれを解読し、蜜源の位置を割り出して、その方向に飛んでいきます。また、ベルベットモンキーは、敵（捕食者）によって三種類の警戒音声を使い分けます。ヒョウに気づいたときに出される音声を聞くと、聞き手の仲間は木に登ります。ワシに気づいたときの音声では、仲間は空を見上げるか茂みに隠れます。ヘビに気づいたときの音声では、仲間は後肢で立ち上がり草むらをのぞきます[34]。

このように、人間以外の動物にも高度な「情報のやりとり」が見られるのですが、そこには限界があります。たとえば、ベルベットモンキーの警戒音声の発信個体は、聞き手である仲間が、すでに安全な位置にいて、敵を見ている場合にも警戒音を出し続けます[22][37]。つまり、「聞き手が何を知っているか」にはおかまいなしに、（自己中心的に）警戒音を発し続けるのです[102]。

このように、動物の多くの動作は生得的に組み込まれており、可塑性が小さく定型的な点で、人間のコミュニケーションとは異なります[34]。それでは、可塑性のある人間のコミュニケーション、言いかえれば、その場に応じて柔軟に変化する人間のコミュニケーションは、どのような心の働きによって生み出されるのでしょうか。[i] 私は、「心の理論」「実行機能」「メタ認知」の三つが重要な役割を担うと考えています。本章ではまず、心の理論の発達を見ていくことにしましょう。

1．心の理論の発達

心の理論とは？

まずは、図1－1のマンガを左から順に見てください。みなさんは四コマ目につながるものとして、AとBのどちらを選ぶでしょうか？

Aを選ばれた方が多いのではないでしょうか。実際、私自身が授業や講演会などで同じことを聞いても、九割以上の人がAを選びます。しかし、「論理的」にはBを選んでも何ら不思議はありません。「ドアを開けるのをあきらめて帰ろうとしたら、雨が降っていたので、傘を取って立ち去った」としても辻褄は合います。そのように合理的な説明を聞くと、むしろBのほうが自然だと感じるようになる方も多いと思います。それでも、多くの人は「直観的」にAを選びます。

なぜでしょうか？　それは私たちが、このようなドアのノブに手を伸ばす様子を見ると、男の子（他者）のドアを開けようとする「意図」を無意識に読みとってしまう心の働きをもっているからです。このように、ある行動を「しようとする」（意図）、「したい」（欲求／願望）、「思っている」（信念）、「知っている」（知識）などといった「心の状態（mental states）」によって理解する体系のことを「心の理論（theory of mind）」とよびます。[135] ii

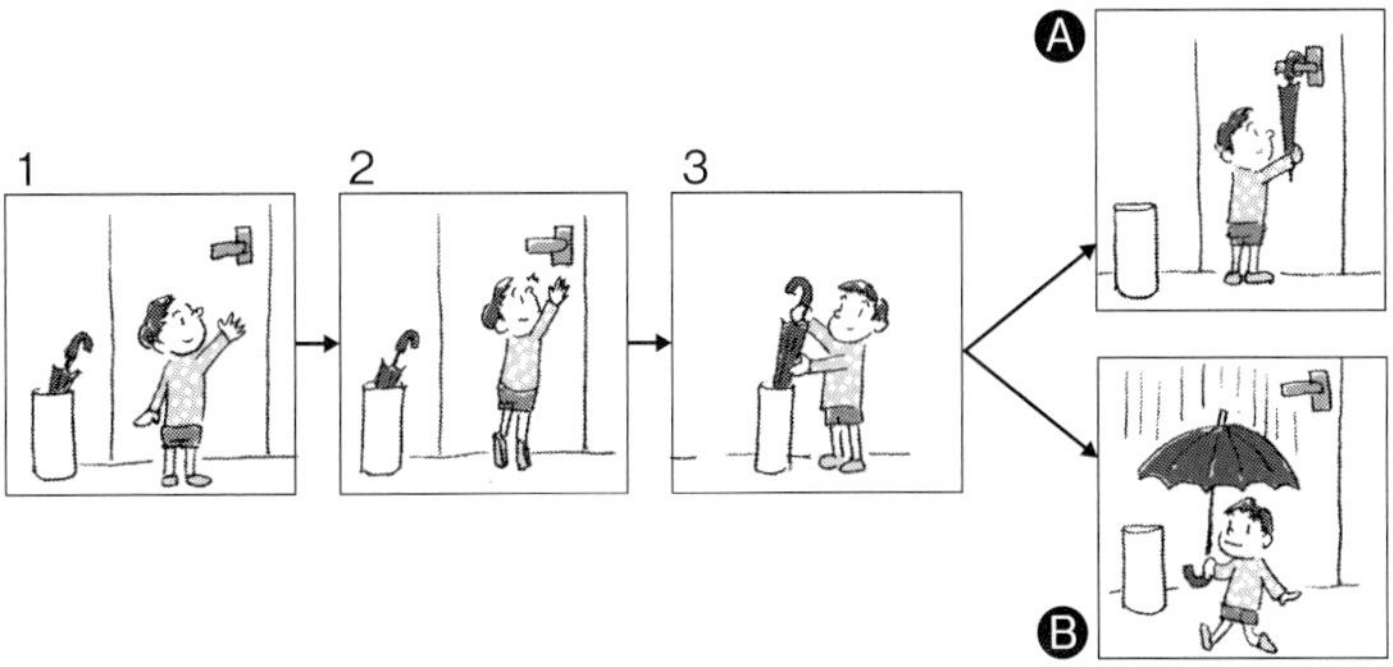

図１－１　心の理論に関する課題

（Völlm et al., 2006[182]と坂井, 2008[139]をもとに作成）

理論とよぶ意味

心の理論という概念は、霊長類学者のプレマックらの研究に始まります。プレマックらは、次のような理由から「理論」という言葉を用いました。それは、意図や知識や信念といった心の状態は直接には見えないものですが、そのような心の状態を想定して理解すれば、他者の行動の予測が（ある程度）可能になるからです。

これを、わかりやすく考えてみましょう。身近な理論としては、「物体」の動きを説明する物理の理論があげられます。たとえば、手に持っている物体を空中で離したら落下します。このとき、私たちに見えるのは、物体の落下という「現象」であって、その背後にある重力という「物理的な力」は見えません。しかし、私たちは重力の働き、すなわち物理の理論を知っているため、物体が落下しかけたら、すぐに手を出して落下を食い止めるはずです。つまり、理論をもつことで先を予測できるわけです。

「心」についても同様です。先ほどの図1－1でいえば、手を伸ばすという「行動」は見えますが、その背後にある意図（ドアを開けようとする）という「心の状態」は見えません。しかし、この意図を読み取ることで、私たちは「（手が届かないから）傘を使うだろう」というように次の行動を予測できるわけです。このような類似性から、心の状態を想定して推論する体系に「理論」ということばが使われていると考えると、心の理論ということばの意味がわかりやすくなると思います。

日常を振り返れば、私たちは常に「もし自分がこのようなことをしたら、相手はこう感じてくれるはず」とか「相手がそのように言うということは、こうしたいのだろう」といったことを考えながら、他者とかかわっています。私たちは心の働きについてさまざまな知識をもっていて、意識的にも無意識的にも、それらを使って相手の行動をたえず考えているのです。

さらに、こうした知識は、日常経験を通してある程度の一貫した体系を成しています。さきほど物体の動きにふれましたが、私たちはふだん無意識に人間の動きと物体の動きを区別しています。たとえば、佇んでいた人が突然動き出しても、その先に店があれば、「あの店に入ろうとしているのだな」といったように意図や願望を読み取ります。しかし、止まっていた物体が突然動き出したら驚くはずです。ここからわかるように、物体は物理の理論、つまり物理の法則や体系によって動くのに対して、人間はそれとは違う心の理論、つまり意図や知識や信念といった心の状態に基づいて動くことを理解しているのです。このように領域によって違った体系でまとまっていて、それらを区別できていることから、心についてのこうした知識のまとまりも理論とよぶわけです。

私たちが心の理論をもち、それを働かせることは当然のことのように感じます。しかし、実はそうとばかりとはいえません。それは子どもを見ればすぐにわかります。たとえば幼児は、こちらの知識状態や関心にはおかまいなしに自分の経験や知っていることを絶えず話してくれます。口元にチョコレートがついているのに、「チョコを食べてないもん」と見え透いたうそをつくこともあります。このような様子を見ると、幼児はまだ他者の考えていることや感じていることにあまり注意が向かず、心の理論が十分に発達していないことに気づくはずです。

心の理論の発達を調べる方法

それでは、心の理論はいつ頃どのように発達するのでしょうか。子どもの心の理論が働いているかどうかを確認するには、さまざまな方法が考えられます。たとえば、女の子がおもちゃをカゴに入れて、遊びに行ったとします。その後、「女の子はカゴの中に何があると思っているかな?」と尋ねてみるのはどうでしょうか。「おもちゃ」と答えられたら、他者の考えていること、つまり心の状態を理解できているのではないでしょうか。たしかに、そうかもしれませんが、そうではないかもしれません。なぜなら、「おもちゃ」という正解が、「女の子の心の状態（考えていること）」を推測して答えたからではなく、「子ども自身が知っていること」を答えただけで導かれた可能性もあるからです。

そこで、次のような工夫が必要になります（図1－2）。

1　女の子がおもちゃをカゴに入れて出かける
2　男の子がおもちゃを取り出して遊んだ後、箱に入れる
3　女の子が戻ってくる

このお話を子どもに聞かせたあと、「女の子は、おもちゃがどこにあると思っているかな（おもちゃを探すのはどこかな）？」と尋ねます（テスト質問）。この手続きでは、女の子が知らない間におもちゃの場所が変わることで、「子ども自身が知っていること」と「女の子の心の状態（考えていること）」が分離され、どちらに沿うかで別の答えが導かれます。それゆえ、子ども自身が知っている今のおもちゃの場所（箱）ではなく、女の子が最初に置いた場所（カゴ）と答えると、他者の心の状態を理解できたことになるのです。

この手続きによる課題は、実際は箱の中におもちゃがあるのに、他者はカゴの中にあると「誤って」思っている（＝信念）状況で、そのことがわかるかどうかを調べているため、「誤信念課題（false belief task）」とよばれます。これまで、この課題を使った研究がたくさん実施されてきました。結果は一貫しており、おおむね4～5歳頃から、正答できるようになるということが明らかになっています。[83][187]

図１-２　誤信念課題

さまざまな誤信念課題

誤信念課題にはいくつかのヴァリエーションがあります。先の誤信念課題は、ウィマーらの研究[189]に始まります。その課題をバロン−コーエンらが洗練させ、自閉症研究[8]で適用したものが「サリーとアン課題」とよばれています（登場人物がサリーとアンだったからです）。この名称のほうがよく知られている感じもありますが、正確には誤信念課題とよびます。

誤信念課題としてよく用いられるもう一つは「スマーティ課題」です。スマーティとは、欧米の子どもによく知られたチョコレート菓子です。この課題では、子どもにスマーティの箱を見せ、何が入っているかを聞きます。もちろん、子どもは「スマーティ」と答えますが、実験者が箱を開けると、中から鉛筆が出てきて子どもを驚かせます。その後、「箱の中を見ていない友達は、この箱をみたら中から何が入っていると思うかな」と尋ねます。3歳頃までは、鉛筆が入っているのを知っているので「鉛筆」と答えますが、4～5歳頃から自分が知っていることではなく、他者（友達）の視点に立ち、中身を知らないはずだから、「スマーティ」と正答できるようになります。[iii]

サリーとアンの課題が「場所の変化」なのに対して、スマーティ課題は「対象の変化」なのですが、両課題の基本的構造は同じで、正答できるようになる時期もほぼ同じです。そこで現在は、これらが標準的な誤信念課題として定着し、多くの研究で心の理論の発達の程度を確認する課題として用いられています。ただし、文化差があるようで、日本の子どもでは正答できる時期がやや遅れるようです。[118]

また、状況をより自然にすることで、3歳でも誤信念状況を理解できることが明らかになっています。たとえば、マツイら[105]は、標準的な誤信念課題に加えて、「助っ人課題」を用意しています。助っ人課題は、女の子がいない間に、男の子が物の場所を移動させるところまでは標準的な誤信念課題と同じですが、その後二人が同時に戻ってきて、「間違ってしまいそうな人を選んで、『箱にあるよ』って教えてあげよう」と子どもに指示するものでした。[101] その結果、標準的な誤信念課題に正答できない3歳児でも、助っ人課題では正答できる傾向が見られ、女の子に教えてあげられました。自分の知識を伝達することによって他者を助けるという社会的な状況が与えられると、3歳児でも「知識がなければ間違ってしまう人（誤信念を抱いている人）」を選ぶことができるようです。

標準的な誤信念課題は、登場人物の人間関係や、ストーリーが進む中での登場人物の感情の生起や変化といった情報を省き、誤信念そのものに焦点をあてた課題です。しかし、ふだんの私たちは、誤信念のみにクローズアップするということはあまりなく、そこには同時に何らかの社会性がともないます。そのような意味で、助っ人課題は「相手の知らない情報を伝える」という日常の社会的場面に近づけた状況で誤信念の理解を調べられており、私たちの心の理解の発達の解明により近づけているように感じます。[iv]

このように課題や状況によって差はあるものの、目に見えない他者の心の存在にはっきりと気づき始めるのは幼児期であるといえるでしょう。[v]

2．自閉症と心の理解

自閉症（自閉スペクトラム症）

ここまで定型発達の子どもを中心に、心の理論の発達を紹介してきましたが、実は、心の理論ということばが広く知られるようになったのは、先ほどふれたように、バロン－コーエンらが誤信念課題を洗練させ、「サリーとアン課題」を自閉症研究で適用したことがきっかけです。[8]

ここで自閉症についても簡単にふれておくことにしましょう。自閉症は脳の機能障害であると考えられ、知的障害をともなう場合もあればともなわない場合もあり、連続的（スペクトラム）な障害とされます。二〇一三年にまとめられたアメリカ精神医学会の最新のＤＳＭ－５では、「対人コミュニケーションや対人行動の困難さ」と「限局的、反復的な行動や興味のパターン（こだわり）」の二つが診断基準になり、「自閉スペクトラム症（自閉症スペクトラム障害 Autism Spectrum Disorder：ASD）」という一つのカテゴリーにまとめられました。対人コミュニケーションの困難さとしては、ことばを字義通りに解釈してしまう傾向が強く、比喩や皮肉などの理解や、うそと冗談の区別などが苦手とされます（第3章参照）。反復的な行動や興味としては、通学路の道順にこだわるなどの行動が見られます。なお、本書では広く使われている「自閉症」という表記を用いることにします。

自閉症が広く一般に知られるようになったきっかけの一つとして、映画『レインマン』を抜きに語れません。『レインマン』は、自閉症の兄（レイモンド）と定型発達の弟（チャーリー）の兄弟愛を描いた映画です。その『レインマン』の中に、このようなシーンがありました。

レイモンドとチャーリーが車で旅に出ているのですが、チャーリーが目を離した隙に、レイモンドがフラフラと歩き出し、大通りに出ます。アメリカの歩行者信号機では、「青」と「赤」ではなく、「WALK」「DONT WALK」と文字で表示されていることがありますが、レイモンドは「WALK」が光っているので、大通りを渡り始めます。ところが、途中で信号が「DONT WALK」に変わりました。そのとき、レイモンドはどうしたと思いますか？　なんと、レイモンドは大通りの途中でピタッと立ち止まりました。道路で待っていた車は青信号になったので、クラクションを鳴らしながら発進します。レイモンドは轢かれそうになりますが、「DONT WALK」の信号を見たまま微動だにしません。そこへ慌ててチャーリーが救出に来るのです。

もちろん、映画ですので誇張されているのだと思いますが、このシーンは、自閉症の人の特徴をとらえた象徴的なシーンのように感じられます。定型発達の人であれば、たとえ信号が「DONT WALK」であっても、通りの真ん中で立ち止まるのは迷惑で危険だと理解して柔軟に対応し、駆け足で渡りきるか、引き返すはずです。しかし、「DONT WALK」を字義通りに解釈すれば、自閉症であるレイモンドの行動こそが正しい

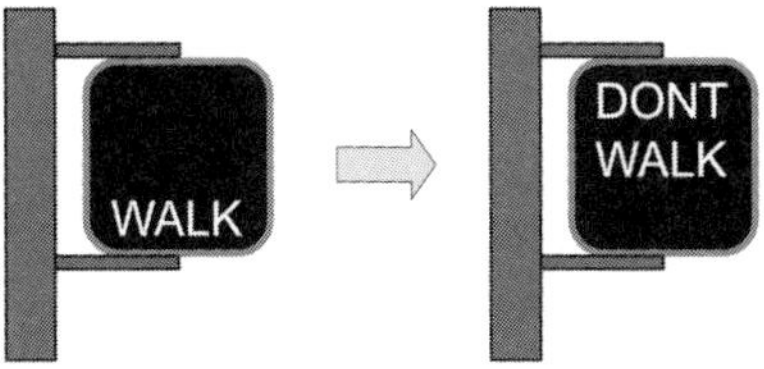

ことになるのです。

自閉症と心の理論

このことからも予想できますが、自閉症児では心の理論の働きが弱く、それが柔軟なコミュニケーションを生み出さない一因と考えられます。実際、自閉症児の言語年齢を定型発達児と同じぐらいの約5歳（生活年齢は平均で約11歳）に近づけても、定型発達児より誤信念課題の正答率が低いのです[8]。

心の理論がうまく働かないと世の中はどのように見えるのでしょうか。バロン－コーエンは、周りの世界の物理的な事柄に気づくことはできるが、心に関する事柄の存在に気づきにくい様子を、映画やドラマなどでよく出てきそうな次のシーンを例に、紹介しています[7]。

Aさんは寝室に入って、うろうろ動き回り、そして出てきた。

何やら挙動不審な様子ですが、このようなシーンを目撃しても、心の理論が働く人は、

Aさんはおそらく、見つけたいものを探していて、それが寝室にあると思ったのだろう。

Aさんはおそらく、寝室で何か物音がしたので、それが何であるか（泥棒でもいるのか）を知りたかったのだろう。

といったように、Aさんの行動を心の状態（「見つけたい」「思った」「知りたかった」など）を想定して解釈するので、このような奇妙な行動を見ても大きな不安はありません。翌日に再びAさんが寝室の前を通りかかって、今度は寝室に入らずに通り過ぎたとしても、「Aさんは、昨日探していたものを見つけることができたんだな」といったように解釈するはずです。これに対して、心の理論が働きにくい人では、心の状態に関することばの使用が困難となるので、たとえば、

Aさんはおそらく、この行動を毎日この時間にやっているので、ただ寝室に入って動き回り、出てきただけだろう。

といったように、行動が起こりそうな（この場合は時間的な）「規則性」などで解釈せざるを得ないことでしょう。そこで、Aさんがこの特定の時刻に毎日このように振る舞うのではないことを知ると（翌日、Aさんが今度は寝室に入らずに通り過ぎてしまうと）、Aさんの行動を解釈できず、大きな不安を感じるはずです。自閉症者が同じことにこだわり、それに安心を感じる一つの要因は、このような例からも説明できるかもしれません。

ただし、自閉症者が、他者の心の理解をまったくできないわけではなく、多くの場合、条件を整えると定型発達者と同じような心の働きを見せるといわれます。[146] つまり、他者理解が「できる」ことと、そうした理解に基づいた行動を「自発的（自動的）に行う」ことの間に違いがあり、定型発達者の特徴は後者にあるとも考えられるのです。

個性とものさし

ここで「障害」ということばを用いましたが、このことばは注意をもって使うべきとされます。数学に強い人もいれば、音楽に長けている人がいたり、あるいは他者への共感性が高い人がいたりというように、人にはみな個性（個人差）があります。それは、遺伝的な要素と環境的な要素が複雑に相互作用することで生み出されるものです。こうした個性が、（学校での学びや職場での仕事を含む）日常生活に支障をきたすほど影響を与えるときに、障害になる可能性が生まれます。

千住淳著『自閉症スペクトラムとは何か』（ちくま新書[146]）によると、障害は個人と社会の関係によって決まるとされます。たとえば、人間が文字を発明するまでは（人類の数百万年の歴史に比べれば、文字の歴史はたかだか数千年です）、「文字を学習するのが苦手」という個性は障害ではなかったはずですが、現代では読み書きが生活に欠かせなくなったため、それがとくに苦手な人たちには支援が必要になったわけです。また、ケンブリッジ大学の数学の教授の中に、自閉症の診断基準と同じような行動特徴をもつ人が何人かいるそうですが、本人の努力や周りの支援、恵まれた環境などによって、自分の好きなことを究めて、社会的に活躍できているそうです。つまり、自閉症と同じような行動や脳の特徴をもっていたとしても、日常生活に支障をきたしていないため、「障害」になっていないわけです。しかし、仮にこうした人々が対人関係などで悩みを抱え、専門家に相談することがあれば、自閉症の可能性を検討し、支援を行うことが役立つかもしれません。つまり、障害かどうかを決めるのは本人であるというわけです。

さらに千住淳著『社会脳とは何か』（新潮新書）では、[144]自閉症者でない人々は「定型発達症候群」であるという考え方があることが紹介されています。それは、「他人の気持ちにこだわり、読心術ができているかのような妄想をもつ」「正直でことばの意味どおりのコミュニケーションを行うことができず、ことばの意味とその会話で伝えようとする意図が矛盾してしまう」「道順やものの位置など、環境の変化に気づくことができない」といった症状をもつものとされます。このような行動は、自閉症者を基準にして、その視点から見ると、奇妙で不可思議なものに感じるはずです。

以前に、ＮＨＫの『福祉ネットワーク』というテレビ番組で、自閉症児を育てるある母親を紹介する場面がありました。この自閉症児は、幼いころから家を飛び出して行方がわからなくなることがたびたびあり、母親は強いショックを受けていました。しかし、あるとき一緒に車で買い物に出かけると、彼は次々と別の方向を指示し、遠い隣町のスーパーにたどりつけたそうです。

母親は、これまで彼が遠くまで飛び出していたのは道がどこまで続いているか調べていたからではないかという可能性に気づき、息子の心の世界にふれることができました。そして、「私がもっているものさしと、子どもがもっているものさし、物の見方は、ぜんぜん違っているかもしれないけれど、これまでは世の中はこうなんだ、こういうときにはこうしなければいけないっていうのが自分の中にあったんです。でも、息子と接する中で、自分のものさしですべてを計ってしまったのでは、この子の気持ちはわからないことに気づきました」とインタビューに答えていました。

このように、人間にはそれぞれ個性があり、その違いを認識することで、自閉症児や障害者に対する見方が変わり、人間として温かい交流ができるようになるといえるでしょう。それは、近年の特別支援教育の充実にもあらわれていると思われます。

まとめ

本章の後半では発達障害にも言及しましたが、定型発達の子どもでは4～5歳頃から誤信念課題に正答でき、心の理論をもつようになるのでした。これは、現時点（二〇一五年五月）で多くの心理学の教科書で紹介される基本事項となっています。このようにまとめると、3歳頃までは他者の心を理解できないかのように思われるかもしれませんが、決してそんなことはありません。

たとえば、母子関係を見ていると、お母さんの見た方向に赤ちゃんも視線を向けたり、お母さんが語りかけたりすることに赤ちゃんが反応していることがわかります。逆に、赤ちゃんも何かを見つけると、お母さんの目を見ながら、それを指さしたり声をあげたりします。

本章の冒頭で、敵を見つけたベルベットモンキーが「聞き手である仲間が何を知っているか」にはおかまいなしに、（自己中心的に）警戒音を発し続けることを紹介しました。このことから、心の理論が働いていないことがわかります。ベルベットモンキーは、いわば反射的に警戒音を出しているだけで、仲間に真の意味で（敵の存在を）「知らせよう」としているのではないのです。それに対して、人間の赤ちゃんは絶えず指さしによって、他者に何かを「知らせよう」とします。つまり、赤ちゃんは、誤信念とまではいかなくても、他者の心の状態に反応し、行動しているのです。これは間違いなく心の理論の萌芽であり、コミュニケーションのめばえでしょう。

それでは、誤信念課題に正答できるまでに、どのような形で心の理解が見られ、発達するのでしょうか。また、幼児期に誤信念理解がはっきりするとしても、まだ大人のコミュニケーションとは隔たりがあります。大人へと向かう過程の児童期にはどのような心の理解や社会性の発達が見られ、発展していくのでしょうか。次の章では、こうしたことを考えてみましょう。

註

ｉ　人間の柔軟なコミュニケーションについては、第５章で詳細に論じます。

ii　心の理論と類似の概念として、「メンタライジング」があります。これは「対象に目標志向性や意図、心など、心的状態を認めること」とされます。[68] 近年は臨床心理学でも使われています。[71]

iii　その他にも、「見かけと本当の区別」を調べる課題も使われます。[32] たとえば、見かけは岩に見えるが本当はスポンジである物体を使います。子どもに触らせて、スポンジであることを確認させた後、「何に見える？」と聞くと、3歳児の多くは「スポンジ」と答えます。4～5歳になると、本当はスポンジであることを知った自分の知識を抑えて、「岩」と答えます。つまり、見かけと本当の区別がわかるようになります。

iv　別の言い方をすると、標準的な誤信念課題は、子ども自身とは関係ないところで他の人たちが行動していることを第三者的視点で見て回答を求められるのに対して、助っ人課題は、子ども自身がその課題の中の他者とかかわる（情報を伝える）課題であり、まさに社会的状況になっているといえます。

v　心の理論の核となる部分は多くの人で共通していますが、知識のまとまりの程度には個人差もあるでしょう。こうした体系が豊かで、適切な状況でうまく使える人が、「場の空気を読む」のにたけている人といえそうです。

第2章 他者の心の理解のめばえと深まり

心理学は「実証的」な学問です。実証的とは、実験、観察、アンケート調査などを行ってデータを集めて証拠を示し、議論することであり、言葉を使ったやりとりによってデータを集めるのが一般的です。しかし、赤ちゃんはまだ言葉を話せません。それでは、赤ちゃんの心の発達を実証的に調べるためには、どのようにすればよいのでしょうか。

1. 心の理論の萌芽

赤ちゃんの心を調べる方法

みなさんが、何か「新しいもの」を見たり、手品のように「ありえないこと」を見たりしたときのことを思い出してみてください。誰でも興味をひかれたり驚いたりして、じっと見る（注視する）はずです。言葉でのやりとりが困難な赤ちゃんでも、このような「注視」に着目することで、何を理解できているか（正確には区別できているか）を調べることができます。

一つの方法は、赤ちゃんに二つの刺激を並べて見せ、どちらを長く注視するかを観察するものです。たとえば、赤い丸と青い丸を並べて見せ、どちらか一方をより長い時間見たとすると、赤ちゃんは色の区別ができていることがわかるのです（厳密には、「赤と青の区別ができている」だけですので、「色の区別ができている」というためには、さまざまな色の組み合わせで同様の実験をする必要があるでしょう）。このように「好みのほうを長く見る」という人間の性質をうまく使った方法を、「選好注視法」といいます。

しかし選好注視法では、二つの刺激を見る時間に差がなかった場合の解釈の難しさが残ります。「赤と青の区別ができない」からという以外にも、区別はつくものの、「好みの差がなくて、どちらも同じくらい見た」とも考えられるからです。そこで、好みではなく「慣れ」という性質を使って調べるのが「馴化・脱馴化法」です。同じ刺激（たとえば、赤の丸）をずっと提示して、慣れ（馴化）によって赤ちゃんの注意が逸れた後に、別の刺激（たとえば、青の丸）を提示し、注意が回復するか（脱馴化）どうかに着目して、二つの刺激を区別できているかを調べます。

さらに、先ほど手品を例にあげたように、「ありうる事象」と「ありえない事象」を見せ、（期待に反する）ありえないほうを長く注視するかどうかによって、赤ちゃんの物事への理解を調べる方法もあり、「期待違反法」とよばれます。期待違反法では、実験状況に慣れさせるため、あらかじめ馴化の手続きをふむこともよくあります。

これまで、赤ちゃんは無垢の存在で生まれ、「タブラ・ラサ（白紙）」という考え方が有力だった時代がありました。ところが、こうした手法を使うことで、赤ちゃんはかつて考えられていたよりはるかに有能で、世の中のことを理解している様子がわかってきました。生後数か月の時期から、基本的な数を区別したり、物体の動きがわかったりといったように、さまざまな物理的事象を把握しているのです。たとえば、「物体Ａの下に物体Ｂがあり、ＢがＡを支えているために、Ａが動かない」というありうる事象と、「物体Ａの下の物体ＢがＡとは離れた位置にあって支えていないのに、Ａが動かない（落下しない）」というありえない事象を見せると、４～５か月の赤ちゃんはありえない事象を長く注視します。支えるものがなければ物は落下することも幼い頃から理解できているのです[121]。

さらに、接触（物と物は接触しなければ作用しない）、凝集性（物はかたまりのまま動く）、連続性（物は飛び越えずにつながった経路で動く）といった法則は、生まれながらにわかっている可能性も指摘され、スペルキらはこうした理解を、数や幾何（空間認識）の把握などとあわせて、生きていくうえで最も基礎的で「核となる知識」（コアノレッジ）であると考えています[160]。

心理的事象の発達

赤ちゃんの知識の豊富さは、心理的事象についてもあてはまります。一般に、ある対象に私たちが何らかの心を感じるのには、対象の「自己推進性」と「目標志向性」が鍵になるとされます。自己推進性とは、何も力が加わっていない（たとえば、ぶつかったりしていない）にもかかわらず、（自分で）動く性質を意味します。目標志向性とは、目標に合わせて動きをコントロールする性質を意味します。ハイダーとジンメルの古典的な実験[66]では、●や▲という単純な図形が動き回る様子を見た多くの人々が、この図形を擬人化して見ていました。たとえば、●が▲から離れようとする動きをみると、「女性は男性から逃げようとしていた」といったように、心の状態を表す言葉を豊富に使って、動きを解釈したのです。

驚くべきことに、赤ちゃんでもこうした図形の動きの中に社会的意味を読みとっている可能性があります。プレマックらによる[134]一歳頃の赤ちゃんを対象にした馴化・脱馴化法の実験では、「助ける」「なでる」といった正の要素をもつものと、「叩く」「邪魔する」といった負の要素をもつものを区別できることが報告されています。具体的には、正の要素をもつアニメーション（たとえば「助ける」では、黒玉が穴の向こう側に行けないため、灰色の玉が押してあげて向こう側に行かせる）を見せ続け、飽きてきたところに、負の要素をもつアニメーション（たとえば「叩く」では、灰色の玉が黒玉にぶつかる）に切り替えると、注視時間が長くなりました。しかし、負の要素から負の要素への切り替えでは、このような傾向は見られませんでした。[i]

目標や意図についてはどうでしょうか。ウッドワード[191]は、期待違反法の手続きによって、赤ちゃんの目標や意図の理解を明らかにしています（図2−1）。この実験では、左右にクマのぬいぐるみとボールを並べます。そして、実験者がどちらか（たとえば、クマ）に手を伸ばしてつかむ様子を赤ちゃんに繰り返し見せて、まず馴化させます。その後、クマとボールの位置を入れ替え、次の二つの事象を見せます。「新軌道テスト事象」では、実験者は馴化のときと逆のほうに手を伸ばし、同じ対象（クマ）をつかみました。この場合、目標は同じですが、物理的な手の動きが違います。一方、「新目標テスト事象」では、実験者は馴化のときと同じほうに手を伸ばし、異なる対象（ボール）をつかみました。この場合、目標は違いますが、物理的な手の動きは同じです。その結果、６～12か月の赤ちゃんは新目標テスト事象のほうをより長く注視したのです。これは、赤ちゃんが馴化の際に、実験者の「行為の目標」に注目したため、それとは異なる対象をつかんだから驚いたと解釈すると辻褄が合います。このように巧みな実験から、赤ちゃんでも他者の目標や意図に反応する様子が明らかになっています。

共同注意

　ここまでのことは「他者と対象」といった二つの間の志向的関係（二項関係）が中心でした。対象について、他者と一

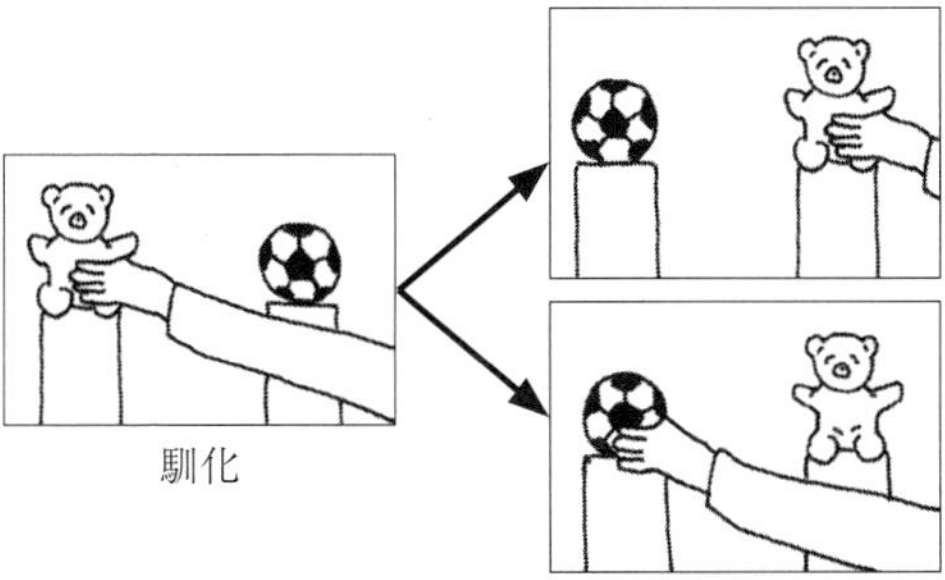

図２-１　Woodward (1998)[191]の実験状況

緒にかかわるためには、「他者と自分と対象」の三つの間の関係（三項関係）の成立が必須です。この三項関係の鍵を握るのが、「共同注意（joint attention）」です。共同注意とは、ある対象に対する注意を他者と共有することとされます。たとえば、お母さんと子どもがいて、お母さんが通りかかった犬を指さして、「ワンワンいるね」と言うと、子どももそちらを振り向き、「犬」という対象に同時に注意を向けるような場合があてはまります。

二項関係から三項関係への進展は、社会性やコミュニケーションの発達にとって決定的に重要です。この進展がないと、自分と他者の認識が同じであるのか違うのかに気づくことができません。自分の世界に閉じたままともいえます。対象に同時に注意を払えるからこそ、会話がはずみますし、対象を取ってあげる援助や、別の対象に誘導する欺きも生まれるのです。このような三項関係と共同注意の成立は、生後9か月頃からできるようになります。トマセロはこれを「9か月革命」とよんでいます[175]。

共同注意は、ことばの発達にとっても重要です。ウッドワードら[192]の研究などでは、これを巧妙な実験で明らかにしています。一つの条件では、二人の実験者が13か月の乳児の前で、一人がある対象をもち、もう一人がアイコンタクトと指さしをともないながら、つまり明確な共同注意を行いながら、「トゥーマ」といった無意味なことばを繰り返します。もう一つの条件では、一人がある対象をもつのは同じですが、もう一人がまったく違う方向を向いて、視線も合わせなければ指さしもせず、つまり共同注意をまったくせずに、「トゥーマ」といった無意味なことばを繰り返します。その後、先ほどの対象とあらたな別の対象との二つを乳児の前に提示して、「どちらがトゥーマか?」を選ばせたところ、共同注意をともなった条件では先ほどの対象のほうを選びましたが、共同注意のない条件ではチャンスレベルにすぎませんでした（チャンスレベルとは、あてずっぽうで正答するレベルのことです。たとえば、二つのうち一つが正解の場合、チャンスレベルは50％で、正答率がこれを統計的に上回るかどうかで判断されます）。これは、共同注意がことばの学習にとっていかに大事かを示します。

　ところで、この実験では「共同注意の有無」という部分を最大限にして条件が設定されているので、実験状況を不自然に感じるかもしれません。しかし、私はこのような大げさにも見える設定によって科学的に検証するところに心理学研究のおもしろさを感じます。また、この実験は日常的にも深い示唆を与える優れた実験です。というのも、共同注意のない条件の状況が、街中で見かける、スマートフォンに夢中になっている養育者の様子にそっくりではないかと感じてしまうからです。

　養育者の腕の中で、あるいはベビーカーの中で、赤ちゃんは常に

図2-2　共同注意の有無によることばの学習
（ウッドワードらの研究などを参考に作成）

何かを指さしたり、視線を向けたりして、養育者と注意を共有したいと訴えています。それを養育者がうまくフォローし、一緒に視線を向けたり、指さしをしたりして、「あっ、ワンワンだね！」などと言ってあげる、この共同注意をともなう反応の繰り返しこそが子どもの発達にとって決定的に大事なのです。ところが、スマートフォンの画面に目を向けたまま、適当に「ああ、ワンワンね」などと言ってしまっている養育者の様子を目にするのは私だけではないでしょう。これはよそ見をしたまま物の名前を言っている「共同注意のない条件」と類似していて、発達を阻害するような怖いことをしているように感じます。このように考えると、ウッドワードらの心理学実験が日常に対して示唆することは実に深いものがあると思われます。

さまざまな心の状態の理解

他者の目標志向的な行動の理解の研究も紹介しましょう。ベーネらは、「するつもりがない（unwilling）」と「できない（unable）」の区別の理解を検討しています。[9]「するつもりがない」（渡すつもりがない）条件では、実験者が子どもの目を見ながら、子どものほうにボールを近づけます。しかし、子どもがボールに手を伸ばすと、実験者はボールを引っ込めるということを繰り返しました。これに対して、「できない」（渡すことができない）条件では、実験者が子どもの目を見ながら、ボールを子どもに渡そうとしますが、誤って落としてしまうということを繰り返しました。その結果、12か月児と18か月児は、「するつもりがない」場合でより長い時間、手を伸ばし、いらだちを示すという行動が見られました。しかし、6か月児では両条件に差が見られなかったことから、他者の目標志向的な行動の理解は、9か月頃より始まると解釈されています。

欲求の発達についても見てみましょう。ゴプニックらは、14か月と18か月の乳児に、ブロッコリーが入ったお皿とお菓子のクラッカーが入ったお皿を見せ、クラッカーを好んで食べるのを確認しました。[136] 次に、実験者と乳児の好みが逆であることがわかるように、実験者は乳児に対して、クラッカーはまずく、ブロッコリーはおいしい様子を声と表情で大げさに演じました。その後、乳児の前に手を出して、「ちょうだい」と言いました。その結果、14か月児は自分の好きなクラッカーを差し出しましたが、18か月児では実験者の好きなブロッコリーを差し出したのです。

知識状態についても研究が進んでいます。リシュコフスキらは、大人がよそ見をしている間に対象物が落ちてしまい、落下場所を知らない条件と、対象物が落ちてしまうところを大人が見ていて、落下場所を知っている条件を設けました。すると、12か月の赤ちゃんでも、落下場所を知っていて情報を必要としていない大人よりも、落下場所を知らず情報を必要としている大人に対して、指さしする割合が高かったのです。[96] さらに、1歳前半の時点ですでに、相手が「知っている／知らないこと」を適切に推測したうえで他者にとって新しいと思われる情報を自発的に提供しようとしていることも明らかにされています。[108] この実験では、まず乳児が母親とおもちゃAで遊び、実験者とおもちゃBで遊びました。その後、実験者が乳児と対面で座り、実験者の背後の左右にある窓にAとBが現れると、乳児は実験者が経験していないAのほうを指さすことが多かったのです。どちらのおもちゃにも経験のない別の実験者に対しては、指さしにこのような傾向は見られませんでした。

このように、3歳をはるかに下回る1歳半頃までに、意図や欲求、知識状態といった他者のさまざまな心の状態について反応できることが、発達心理学の研究で示唆されています。ということは、「誤信念も、標準的な誤信念課題を正答できる4〜5歳以前に理解できているのではないか」という疑問がわいてくることでしょう。

乳児の誤信念理解

その答えはイエスです。近年では誤信念についても研究が進み、従来の常識を一変する研究報告が出現しています。オオニシとベイラージョン[126]は、生後約15か月を対象に、誤信念課題に類似させた課題を期待違反法で実施しました（図2-3）。視線がわからないようにバイザーをつけた大人が子どもと向かい合い、二人の間に緑色と黄色の箱が置かれました。まず、大人と子どもの両者が、スイカが緑色の箱（右）から黄色の箱（左）に移動するところを見ましたが、その後、衝立ができて、子どもだけがスイカが緑色の箱（右）に戻るのを見ることができました。それゆえ、子どもは「スイカが緑色の箱（右）にある」のを知っていますが、大人は「スイカが黄色の箱（左）にある」と誤って思っていることになります。その後、衝立が除かれ、大人が黄色の箱に手を伸ばしてスイカを取ろうとする場面と緑色の箱に手を伸ばしてスイカを取ろうとする場面を子どもに見せて、どちらに対して注視時間が長くなるかが調べられました。その結果、大人が黄色（左）よりも緑色（右）の箱に手を伸ばしている不自然（期待違反）な場面のほうにより長く注視しました。このことから、従来知られていた4〜5歳をはるかに下回る年齢で、誤信念を理解しているかのような様子を示すことがわかったのです。

この研究がきっかけで、乳児の誤信念理解は大きな注目と論争を生み出すことになりました。この実験状況では、たとえば、「人は最後に見たところを探す」といった単純なルールで対応しているだけという可能性も指摘されていますが[128]、必ずしもそれだけではないことが「予期的注視」などさまざまな方法で明らかになっています。予期的注視は、たとえば相手の手がコップに向かう動きを見たとき、手がコップにたどり着く前にその行動の目的地を予測してコップに向けて視線を動かすような現象です[145]。近年の研究では、18か月

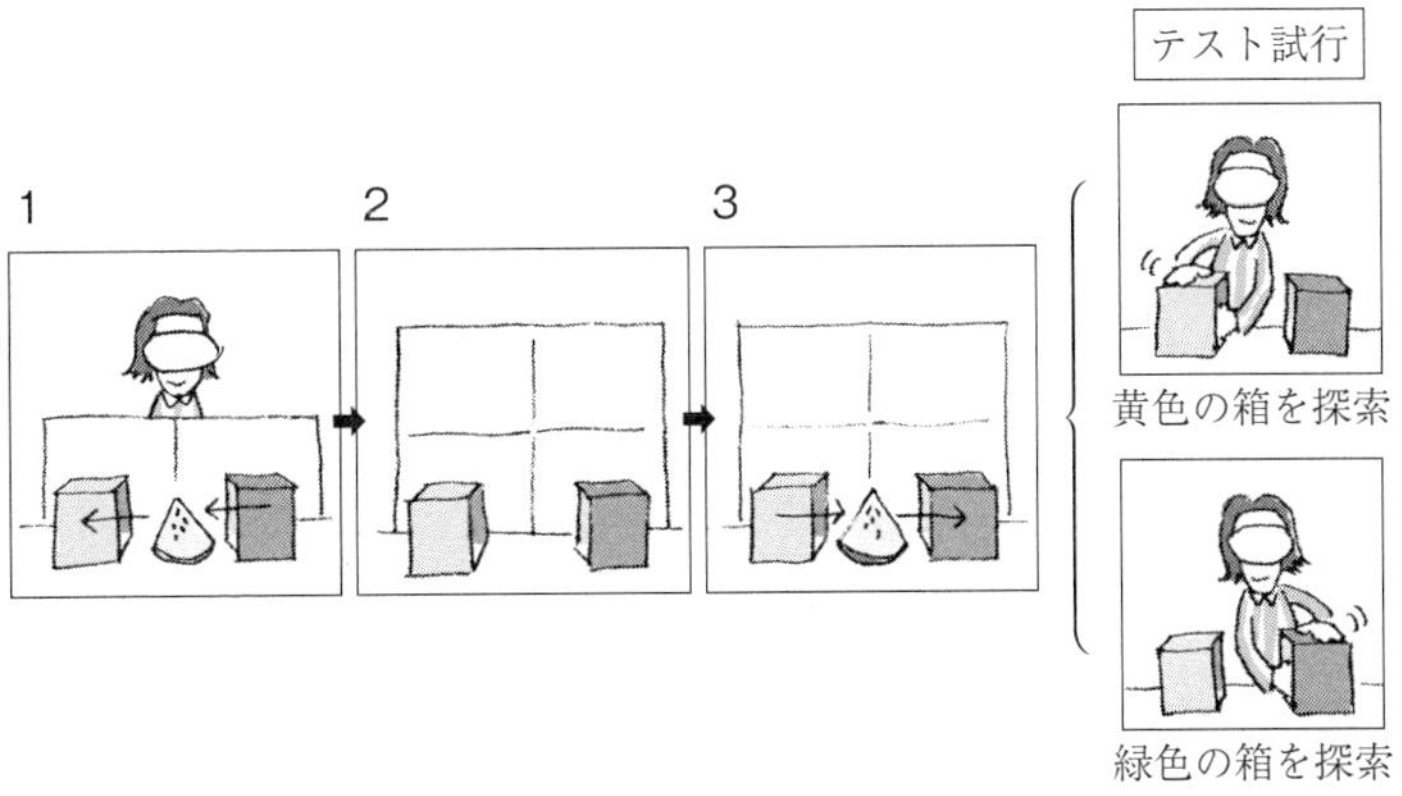

図２-３　赤ちゃんの誤信念理解の実験（Onishi & Baillargeon, 2005[126]を改変）

児や2歳児において、相手が誤信念に基づいて手を伸ばすことを予測するような予期的注視が見られています。[147][159] また、注視ではなく、実際の行動でも誤信念理解が検討されています。トマセロらの研究グループは、相手が誤信念をもっているとき、その誤信念に基づいて、相手が求めているものをとってあげたりするような「援助」が18か月児でも見られたことを報告しています。[17][18]:ii

さらに最近では、社会的なかかわりがある自然な場面での誤信念理解も調べられ始めています。[23] 13か月児を対象に、A、B、Cの三つの人形を使った次のような実験があります。まず、AとBが向かいあって同時に体を動かし、仲良くしている様子を見せました。次に「BがCを叩くところをAが目撃する」という正信念状況と、「Aがいない間に、BがCを叩く」という誤信念状況を見せました。その後、AとBが仲良くしている場面と、AがBの行動に反応せず無視する場面を見せたところ、正信念状況では、AとBが仲良くしている場面をより長く注視し、誤信念状況では逆に、AがBの行動に反応しない場面をより長く注視しました。これは期待違反法の実験です。正信念状況では「AはBが悪いやつだということを知ってしまい、そう思っている」ので、AとBが仲良くしているほうをより不自然に感じたと解釈されます。同様に、誤信念状況では「AはBが悪いやつだと思っていない」ので、AがBの行動に反応しないほうをより不自然に感じたと解釈されます。

通常の誤信念課題で扱われる主人公の誤信念の内容は、物の場所や中身といった物理的な面です。しかし、社会性の発達を明らかにするには、主人公の誤信念が別の登場人物の社会的なかかわりであるといったように社会的な面についても扱う必要があるでしょう。この点で、右の実験がめざしたことは重要と思われます。乳児で心の理論と行動の社会的評価をする能力を、他者どうしのかかわりのある場面で用いているかのような様子がうかがわれるからです（ただし、実験状況が乳児には難し過ぎる気もするため、結果の解釈には注意が必要です）。

このように、誤信念というやや高度な心の状態の理解であっても、注視といった乳児の「自発的な反応」を指標に使うことで、従来の定説であった４～５歳をはるかに下回る年齢で理解している様子を示す知見がさまざまなかたちで報告されています。このことから近年では、心の理解に関して生得的な基盤があるのではないかという議論もされています。[6] スペルキらは、他者理解の基礎についても「コアノレッジ」と

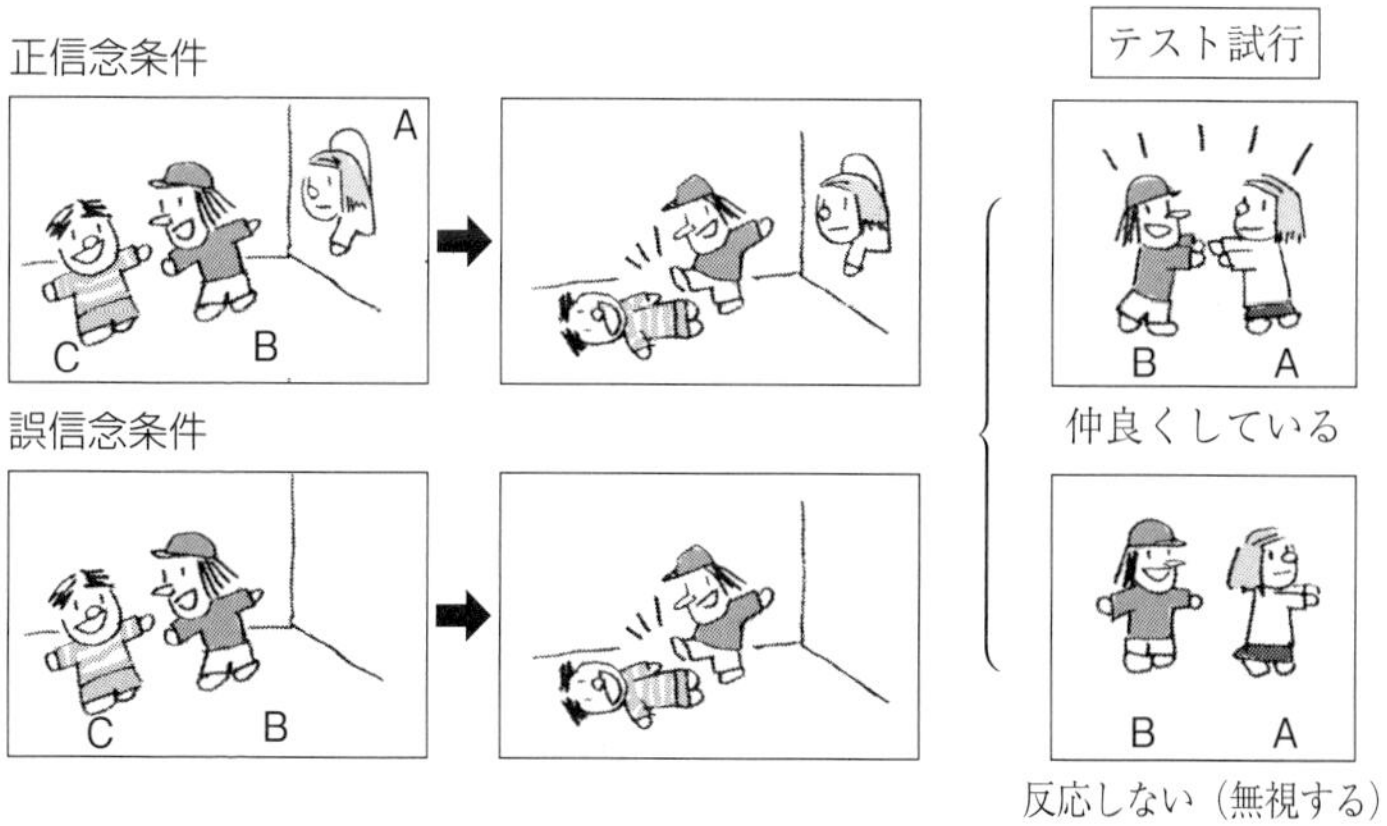

図２-４　正信念／誤信念の違いによる社会的かかわりの理解の実験場面
（Choi & Luo, 2015[23] より作成）

考えているようですが、そのような理解を促すメカニズムが生得的であると考えることもできるかもしれません。

それでは、(第1章で紹介したように) なぜ標準的な誤信念課題を使うと4~5歳になるまで正答できないのでしょうか。一つの考え方として、誤信念を理解できないというより、もっと一般的な認知能力である「実行機能」の未熟さが関係しているのではないかという説があります。この実行機能は本書で重視したい三つの概念のうちの一つですので、次に詳しく紹介します。

2. 実行機能と乳児の心の理論

実行機能とは?

私たちは日々、衝動的に反応せず、次々と入ってくる新しい情報を整理し、順番を考えながら行動しています。このように、目標に向けて注意や行動をコントロールする能力のことを、「実行機能 (executive function)」とよびます。[114] そのとらえ方は研究者によって違いがありますが、「抑制」「シフティング」「更新」の三つのプロセスがとくに重要な要素であると考えられています。[110][138]

抑制 (inhibition) とは、ある状況で優勢な行動や思考を抑えるプロセスとされます。簡単にいえば、目立つものにすぐに反応しない能力です。たとえば、子どもの目の前においしそうなマシュマロを一つ置いて、実験者が「少し出かけてくるから、帰ってくるまで食べないで待っていてね。待っていてくれたらマシュマロを二つあげるね」と言ってその場を離れると、３歳くらいまでの幼児は待つことが困難です。待っていたら後でより多くの利益（倍のマシュマロ）が得られるのに、目の前のマシュマロに手を出します。[109] この場合、幼児はマシュマロを食べないで待つという抑制の能力がまだ発達していないということになります。

カールソンとモーゼズは、因子分析という統計処理によって、抑制を大きく「葛藤」と「遅延」の二つに分けています。[19] 葛藤抑制とは優勢な情報や反応を抑制し、別の情報や反応を活性化させることです。大人では、ある色が優勢な状況で別の色への反応を求める「ストループ課題」が有名です。この子ども版として、「昼／夜ストループ課題（Day/Night stroop task）」[36] が欧米の研究で頻繁に使われています。この課題では、月と星が描かれた黒いカードを見せられたら「昼」、太陽が描かれた黄色いカードを見せられたら「夜」というように、反対の答えを求められます。[iii] 遅延抑制とは、待つといった衝動的な反応の抑制に関することです。先ほどのマシュマロの実験も、主に遅延抑制に関係すると考えられます。その他に発達研究でよく用いられるのが「遅延贈り物課題（gift delay task）」[81] です。これは子どもに後ろを向かせている間に、贈り物の封をわざとゆっくり音を立てながら開封することで、気になる対象を一定時間、のぞき見しないで待てるかどうかを調べるのです。いずれも3歳ぐらいまでは抑制が困難です。

シフティング（shifting）とは、ある次元から別の次元へ思考や反応を柔軟に切り替えるプロセスとされ、子ども向けにはＤＣＣＳ（Dimensional Change Card Sort）課題が有名です。たとえば、「赤い花」と「青い車」のモデルカードがあり、モデルカードとは色または形の次元で異なる分類カード「青い花」と「赤い車」を見せていきます。一つ目のルール（たとえば、色）で分類させた後、別のルール（たとえば、形）に変更すると、3歳ぐらいまでの幼児は最初のルール（この場合、色で分類するルール）に固執しがちです。[iv]

更新（updating）とは、「ワーキングメモリ（working memory）」に保持される情報を監視し、更新する能力とされます。ワーキングメモリとは、情報を一時的に「保持」しながら、同時に「処理」も行うシステムです。[v] ふだんの私たちの身の回りでは次々と状況が変化するので、あらたな情報を取捨選択し、更新していくことが求められます。このプロセスも、「言葉の逆唱」課題などを用いて調べたりした結果、幼児期に発達が見られることがわかっています。言葉の逆唱課題とは、たとえば、「サクラ」「アヤメ」「スミレ」と言った後、「スミレ」「アヤメ」「サクラ」と逆に再生できるかどうかをテストするものです。各単語を保持すると同時に、逆転という処理が必要になることから、ワーキングメモリの容量を調べることができます。

このように、実行機能の発達は幼児期の4～5歳頃に大きく発達します。この発達時期は、標準的な誤信念課題に正答できるようになる頃にかなり類似しています。そこで、実行機能と心の理論の関連に多くの研究者の注目が集まったのです。

実行機能と心の理論の関連

実行機能と心の理論の関係は、近年多くの研究で検討されています。とくに葛藤抑制の課題の成績と誤信念課題の成績が相関し、心の理論の発達にとって抑制の制御が重要であることが明らかになっています[19]。また、シフティング（認知的柔軟性）や更新（ワーキングメモリ）といったプロセスと心の理論の関連も報告されています[20][123]。さらに、実行機能と心の理論の関連は縦断的研究によっても示唆されています[116]。

第１章の図１－２を例に考えましょう。標準的な誤信念課題を解くには、登場人物や対象の場所が次々と変化するお話を聞きながら（ワーキングメモリに入ってくる情報を更新しつつ）、「箱」という自分が知っている所在ではなく、主人公の心の状態を推測して「カゴ」と答える（優勢な反応を抑制してほかの適切な反応をする）必要があります。したがって、更新や葛藤抑制を中心とした実行機能の向上が心の理論の発達に不可欠となるのです。

このように実行機能を考慮することで、前述の「４～５歳頃まで標準的な誤信念課題を正答できない」という結果と「赤ちゃんでも誤信念状況を理解できる」という結果の矛盾が解消できるのかもしれません。ベイラージョンらは、言葉での反応を調べる標準的な誤信念課題では、少なくとも⑴誤信念表象プロセス（他者の誤信念を表象する）、⑵反応選択プロセス（言語反応する際に、他者の誤信念の表象に対して選択的にアクセスする）、⑶反応抑制プロセス（自分の知識を抑制して、質問に答える）、という三つのプロセスが必要であるのに対して、注視といった自発的な反応で調べる誤信念課題では、(1)の誤信念表象プロセスだけがかかわることを示唆しています。(1)から(3)の三つを同時に処理するのは、乳児のかぎられた情報処理能力では難しすぎる理由として、各プロセスに関連する脳領域のコネクションが成熟するのは後の時期であり、しかもゆっくり発達するからであるとベイラージョンらは考えています。[6] この(2)や(3)は、まさに実行機能に関することなので、4〜5歳になるまで標準的な誤信念課題に正答できない理由の一つには、実行機能の未熟さが関係しているといえそうです。

学生の感想から

これまで述べたことを授業で紹介したところ、学期末に課したレポートで、ある学生が秀逸なレポートを提出してくれましたので、その一部を紹介したいと思います。

私はこの授業で、心の理論の解釈には4〜5歳頃まで誤信念課題を正答できないのは抑制能力が未発達なためで、子どもは生得的に心の理論を持っている解釈もあるということが最も印象的に残った。なぜこのことが最も印象に残ったかというと、この考えが私の持っていた疑問を解決するものだったからである。その疑問を抱いたのは、保育実習である2歳の子ども（A児）とやりとりをしていた時までさかのぼる。A児と私は、ブロックを左右の手の中に隠してどちらの手にブロックがあるかあてるという遊びをしていた。A児が隠す役をしていたとき、最初は私が見ているなかでA児がブロックを隠していたので、私があてても隠す行為そのものがおもしろいようであった。そのようなやりとりが続いていくうちに、私がほかの子と話していてブロックを見ていない状況が起きた。しかし実際には、私はほかの子の話を聞きながらも、A児の様子を見ており、A児が、私が見ていたときに隠していた手とは違う手にブロックを移動しているところを目撃してしまった。A児は私が見ていたことに気づいていない様子だった。私は少し意地悪をしちゃおうと思い、A児がブロックを移動した後の手をタッチして「こっち」と言った。すると、さっきまでの反応とはまったく違って、A児は目を丸くして「何でわかったの」というような反応を示した。このときはA児と遊ぶのに必死で違和感をもたなかったのだが、家に帰りもう一度その日のA児とのやりとりを思い出すと、A児とのあのやりとりは誤信念課題の状況にとても似ていることに気づいた。そして、A児はあのとき私があてたことにとても驚いており、A児は私が見ていなかったので移動する前の手にブロックは入っていて、その手のほうをあてるときちんと把握しており、2歳のA児でも誤信念を理解していたのではないかと思った。このように、私はその出来事から、4、5歳児でなくても心の理論をもっているのではないかとずっと疑問に思っていた。なので、この授業で2、3歳の子どもたちは実行機能が発達していないだけで心の理論はもっているという解釈を聞いて、A児の自発的な反応という抑制制御の必要性が弱い場面だったので、A児は誤信念を理解できたのではないかと自分なりの解決をすることができた。

ここには、子どものふれあいにおいて鋭い観察力で気づいた疑問を大切にし、それを授業で学んだ知識で解決している様子が伝わります。私は学生たちに、授業で学ぶ理論や知識と日常での体験や実践とを結びつけることを強調しているのですが、それをうまく行ってくれていることが伝わるレポートと感じます。

脱文脈的な実験研究の注意点

ここまで、実験による研究を中心に、乳児期の他者理解の様子をまとめてきました。佐伯胖著『幼児教育へのいざない』（東京大学出版会）[137]では、3歳児と赤ちゃんが、心理学者の課した誤信念課題をどのように受け止めるかについて、とてもおもしろい論考がまとめられていますので、以下に紹介したいと思います（幼児と乳児の眼から見た具体的な状況は、この本をご参照ください）。

第1章（図1－2）の標準的な誤信念課題を思い出してください。おもちゃで遊びたい女の子は、当然おもちゃがあるところに行きたいので、もしおもちゃが今は箱にあるのを知らない女の子が、カゴのほうに行く素振りを見せたら、思わず「あ、そっちじゃないよ」と教えたくなるはずです。しかし、標準的な誤信念課題で問われていることはそれとは違って、「女の子はどっちに行くか？」です。子どもには、「なぜ実験者が『女の子はどっちに行くと、君は考えているの？』ということを知りたいのか」がよくわからないとすれば、女の子を手助けしようとして、今ある場所を教えようとしても不思議はないでしょう。しかし、そのときに自分が女の子に伝えたいことを「答え」にすると、標準的な誤信念課題では「不正解」とされ、ここに問題があることを指摘しています。つまり、オオニシとベイラージョン[126]の実験手続き（図２－３）では、相手がそこには存在しないと思っているはずなのに間違った選択をしそうな場面で、「なんで知っているの？」と驚いたり、「『あれっ？ そうじゃないでしょう！』と思わずいいたくなる、その素振りを検出する」わけですが、標準的誤信念課題では、「どう考えているかを推測しなさい」という質問への「答え」（正誤）を求めるために違いがあるわけです。オオニシとベイラージョン[126]の実験手続きは、「赤ちゃんが他人の行為を見て、ヒトゴトのように放っておけず、おもわず何かしてあげようとする、そういう『知的傾向性（わざ）』が現れ出る瞬間をとらえているという点で、まさに『みごとな実験』だといわねばならない」とこの本では鋭く指摘されています。

　また、心理学の研究は客観性が求められますが、それを突き詰めすぎると、三人称的なかかわりで、文化社会的な要素を一切排除した脱文脈的なものとなります[117]。それを防ぐ一つの方法として、実験だけに頼らず、観察との併用が有益と思われます。観察される知見と実験での課題通過の年齢があまりに食い違うようであれば、実験そのものに問題があることも視野に入れるべきでしょう。先に紹介した学生のレポートは、実験結果を日常場面で観察した点をふまえたうえで考察しており、その点でも秀逸と考えられます。

3．児童期以降の心の理論の発達

本章では、標準的な誤信念課題を正答できるようになる4～5歳頃を境に、それまでの乳幼児期の心の理論の萌芽を紹介してきました。ここからは、4～5歳以後の発達をみてみましょう。

ここで、プロローグで紹介した映画『アパートの鍵貸します』のワンシーンを思い出してください。それは、バクスターがフランから受け取った鏡がひび割れているのに気づき、表情が一気に曇ったシーンでした。そこで私は三つのポイントを示しましたが、実は第四のポイントも考えられます。それは、フランの心の状態です。フランは、バクスターに鏡を渡したシーンの後で、バクスターの表情が曇ったのに気づき、「どうしたの？」と問いかけます。バクスターは動揺を隠しながら、「鏡が割れているね……」とボソッと言います。それに対して、フランは「知ってるわ。このほうがいいの。私の心を映していて」と言います（フランは、バクスターに合う前に個人的に嫌な思いをしていたのです）。このときのフランの心の状態を読み解くには、「フランは、バクスターのことをなんとも思っていない」といったように、単に他者の心の状態を理解できるだけでは不十分です。「フランは、『バクスターが、フランとシェルドレイクの関係に気づいている』ことを知らない」というように、入れ子になった複雑な心の状態を理解することができて、初めてその状況を読み解くことができるのです。このような入れ子になった複雑な心の状態の理解を、「二次の心の理論」とよびます。これに対して、他者一人の心の状態を理解するレベ

ルは、「二次の心の理論」となります。[vi]

また、入れ子になった心の状態は、原理的には無限に続けることができます。このシーンで、バクスターは失意のどん底に落とされながらも、必死で平静を装います。それは、〈バクスターは、「フランは、『自分がフランとシェルドレイクの関係に気づいている』ことを知らない」と思っている〉からです。もし、〈バクスターは、「フランは、『自分がフランとシェルドレイクの関係に気づいている』ことを知っている」と思っている〉のであれば、平静を装う必要などないはずです。これは心の状態が三重に入れ子になっており、その理解は三次になります。このように、深いレベルの心の理論を働かせることで、人間どうしの高度で微妙なやりとりが見えてくるのです（第５章参照）。ただし、私たちが通常リアルタイムで把握できるのは、三～四次程度といわれます。なお、二次以上は「二次の心の理論」（あるいは、「高次の心の理論」）と総称されます。

二次の誤信念課題

二次の心の理論の発達は、「二次の誤信念課題」で調べることができます。[129] 一次の誤信念課題が、サリーとアンの課題やスマーティ課題などいくつかのヴァリエーションがある（第１章参照）のと同様に、二次の誤信念課題にもいくつかのヴァリエーションがあります。二次の誤信念課題は、その性質上、複雑なことが多いのですが、ここでは比較的単純でわかりやすく、頻繁に用いられる「誕生日課題」を紹介しましょう。[167] この課題は、次のようなお話です。

(1)今日はつとむ君の誕生日で、お母さんはお祝いにゲームを買っておきました。でもお母さんは、つとむ君を驚かそうとして、そのことを隠しています。

(2)つとむ君がお母さんに「僕の誕生日のお祝いに、ゲームを買ってほしいなあ」と言いますが、お母さんは「ごめんね。パズルを買ったわ」と言います。

(3)つとむ君はがっかりして、外に遊びに行こうとします。ところが、たまたまゲームを見つけ、「お母さんは、本当はゲームを買ってくれたんだ」と思います。しかし、このことをお母さんは知りません。

(4)その後、おじいさんから電話があり、おじいさんがお母さんに、「つとむ君は、誕生日のお祝いに何を買ってもらったと思っているの？」と尋ねます。

このお話を聞かせた後、「お母さんは、おじいさんに何と言うかな？」（テスト質問）と子どもに尋ねます。正答は「パズル」ですが、これは「お母さんは、『つとむ君が誕生日のお祝いはパズルだと思っている』と（誤って）思っている』という二次の誤信念を理解できているときにしか導けません。

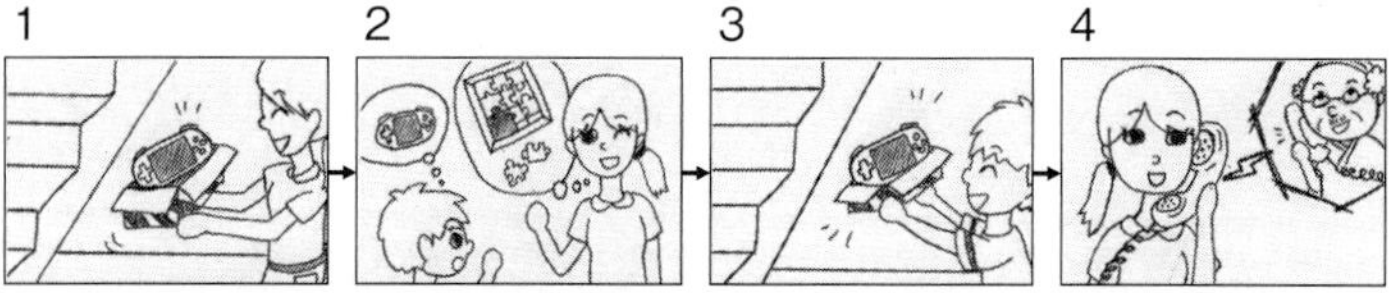

図2-5　二次の誤信念課題　イラスト© Sumika Shibata

なぜなら、単に一次の心の状態しか読み取れなかったり（お母さんもつとむ君も「本当の誕生日のお祝いはゲームである」ことを知っている）、そもそも心の状態を読み取らず、事実だけを考えてしまったりする（これは0次となります）と誤答（実際に、誕生日のお祝いはゲーム）になるからです。二次の誤信念課題は幼児期ではまだ難しく、概ね6～9歳頃の児童期に正答率が上昇し、安定して正答できるようになります。[58]

社会的状況での二次の心の理論の探求

先ほど一次の誤信念課題のところで、社会的なかかわりがあるといったように社会的な面についての誤信念の理解を扱う大切さを述べました。同じことは、二次の心の理論にもあてはまります。二次の誤信念課題においても、複数の人物が社会的にかかわる場面での探求が始まっているので、その様子も紹介しましょう。

トマセロらの研究グループは、6歳児を二人ずつ（C1とC2）にして、実験を進めました。[42] この研究では、四つの箱が用意され、そのうち三つにはそれぞれ二つのグミ（お菓子）を、残る一つの箱にだけ四つのグミを入れておきました。どの箱に何個のグミが入っているかは、それぞれの箱に貼り付けられたグミの写真によってわかるようにしてありました。グミが得られるのは、各自に与えられるボールを二人が同じ箱に入れて、二つのボールがそろったとき（協調できたとき）だけです。しかし、二人は相談することもできませんし、相手がどこにボールを入れるのかを見ることもできませんでした。

まず、C2が部屋を離れた間に、実験者E1が写真を貼るのを間違えたとC1に伝え、「四つグミが入っているのは、本当はこの箱だよ」と言って、二つのグミの写真が貼られている箱のうちの一つを指さしました。しかし、実は実験者E2の指示によって、C2は部屋の外にあるモニターから、その様子を見ていました。つまり、C2は自分自身が「四つのグミの写真が貼られた箱の中に四つのグミは入っていない」ことを理解しただけでなく、C1もその事実を知っていることを理解しました。さらに実験者E2は、C1はその様子をC2に見られていることを知らないのだと強調しました。しかし、実験者E2がそこでモニターを消したので、C2はその後にC1がどこにボールを入れたのかを見ることができませんでした。さらにその後、E2と一緒に部屋に戻ったC2がどこの箱にボールを入れるかが記録されました。

ここで、もし、C2が二次の誤信念を理解できている、つまり、C2が「C1は『自分（C2）は〈四つのグミの写真が貼られた箱の中に四つのグミがある〉と思っている』と（誤って）思っている」と判断すれば、四つのグミの写真が貼られた箱にボールを入れるはずです。C1は「C2は、四つのグミの写真が貼られた箱を選ぶに違いない」と考えて、その箱にボールを入れたであろうと考えるのが自然だからです。これに対して、C1やC2の一次の心の状態で判断したり、事実だけを考えてしまったり（0次）すると、実験者E1が示した箱（二つのグミの写真が貼られているが四つのグミが入った箱）を選ぶはずです。結果は前者、つまりC2は四つのグミの写真が貼られた箱にボールを入れる傾向が高く、このように仲間と協調するという社会的なかかわりのある場面でも、二次の心の理論を用いて行動ができつつあることがわかりました。

ただし、トマセロらも論文で認めているように、この実験状況はかなり複雑で日常的にはありえない不自然さも感じられます。先ほどの「誕生日課題」（図２－５）よりも、状況を追うのが難しいかもしれません。そもそも、子ども二人が「より多い（四つの）グミを求める」というのが前提にもなります。実際、６歳児でこの課題をクリアした割合は46・２％でした。このことを考慮すると、「６歳で二次の心の理論を用いて行動できる」というよりは、右記のように「６歳頃から二次の心の理論を用いて行動ができつつある」というのが、より適切な解釈に感じられます。

この課題は、実験に参加した子ども自身が他者とかかわる状況という点で、一次の誤信念課題でいえば、第1章で紹介した「助っ人課題」に似ているかもしれません。標準的な誤信念課題や「誕生日課題」のように、実験参加者が関係しないお話を聞かせて判断を求めるという方法は、心理学の伝統的な手続きからいえば、

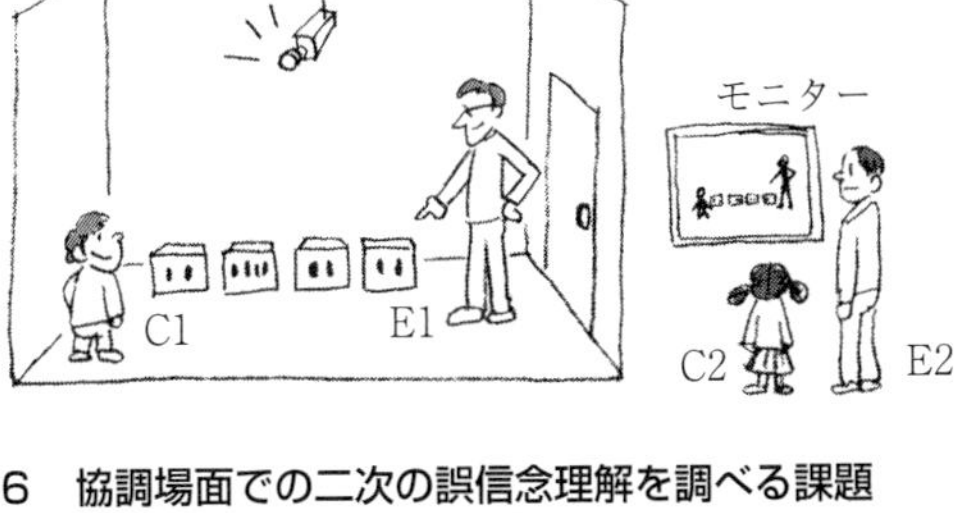

図２-６　協調場面での二次の誤信念理解を調べる課題

（Grueneisen et al., 2015[42]より作成）

ノイズも入りにくく、より厳密な検証方法といえるでしょう。しかし、社会性を探求していくうえでは、伝統的な方向に加えて、実験参加者である自分の行動が、他者の助けになったり（「助っ人課題」）、他者と自分の利益になったり（この課題）するように、社会的な状況を取り入れることが有益でおもしろさも増し、心の理論を働かせている様子が見えやすくなりそうです。

まとめ

ここまで紹介してきた知見をまとめましょう。心の理解の発達は連続しつつも、大きく三つの段階に分けることができそうです（図2－7）。まず乳児期では、9か月頃から三項関係の把握により共同注意が発達し、視線や指さしの理解といった形で他者の意図に対して敏感になり始めます。視線に着目した研究からは、一歳半頃から誤信念に相当する状況を理解できていることもわかりつつあり、乳児期には潜在的（implicit）なレベルで心の理論の萌芽があると考えられます。続いて幼児期の4～5歳頃には「Aさんは……と思っている」といったように、他者の心の状態を明確に表象できるようになり、標準的な誤信念課題に正答できるようになります。乳児期の理解が潜在的とすれば、こちらは顕在的（explicit）といえ、第1章で述べたように現在（二〇一五年五月）の心理学の多くの教科書では、この段階が一般に心の理論の獲得とみなされます。さらに、児童期の6～9歳頃にかけて、「Aさんは『Bさんが…を知っている』と思っている」といったように、入れ子になった複雑な二次の心の状態を柔軟に読み取ることができるようになります。

　このように4～5歳頃に誤信念課題を正答できることは心の理論のゴールではなく、社会的な発達はさらに続くのです[68]。二次の心の理論のような複雑な心の状態を瞬時に読み取ったり、働かせたりすることが、高度な社会的やりとり、すなわち「その場に応じて柔軟に変化する人間のコミュニケーション」にとって重要です。もつれあった人間関係を描く小説や映画、ドラマなどを理解する前提にもなります。こうした能力の発達により、大人の心に近づいていくのですが、児童期はまさにその重要な過渡期なのです。

　そこで、次の第3章と第4章では、このような心の理解の3つの発達段階をふまえ、うそ（欺き）と道徳的判断に焦点をあてることにします。近年、社会的な状況を設定した研究も現れはじめているとはいえ、標準的な誤信念課題では、登場人物の人間関係や、ストーリーが進む中での登場人物の感情の生起や変化といった社会的文脈が排除され

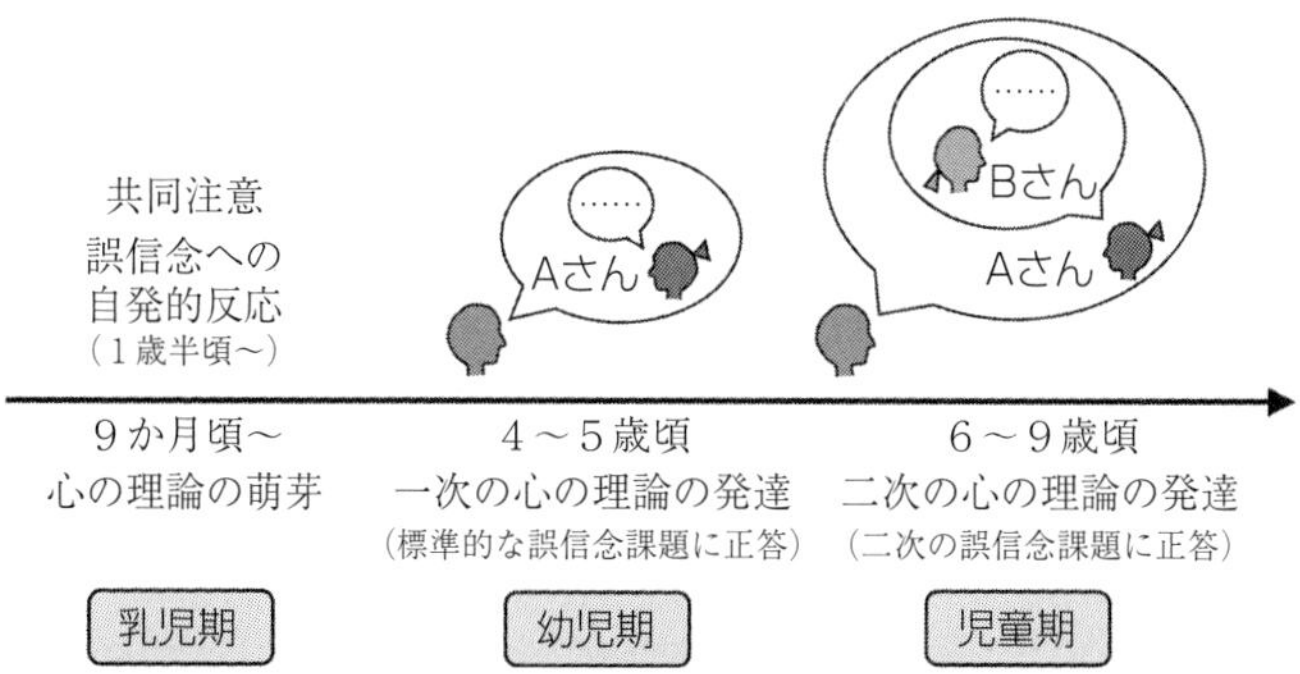

図2-7　心の理論の発達

ています。それゆえ、その課題を使った結果の意味することが、「現実の他者の心の理解」をどれほどとらえているのかについては疑問も残ります。他者にうそをつく（欺く）ことや、他者からされた行為を道徳的に判断するといった社会的にかかわりのある文脈において心の発達を調べていくことで、深いレベルで社会性やコミュニケーションの発達に迫れるのです。

註

i　この研究は、近年の乳児の社会的評価や道徳性の研究につながっています。この点は第4章でふれます。

ii　ブッテルマンら[18]の研究では、18か月児36人が対象でしたが、実験にうまくコミットできなかった21人を取り直していることが記されています。つまり、57人の参加者がいて、21人も除外されていることになります。乳児に誤信念状況を設定する難しさを感じるとともに、サンプルの偏りにも気をつける必要がありそうです。

iii　欧米の研究では、「昼／夜ストループ課題」が使われるのが一般的ですが、日本人の私たちには、あまり引っかかりそうに感じません[115]。日本の子どもには、赤色のカードと青色のカードを用意し、「赤」と言ったら青を、「青」といったら赤を指すようにさせる「赤／青」課題[123]のようなタイプのほうがわかりやすいかもしれません。

iv　発達心理学の研究では「シフティング」というプロセスにあたるものを、しばしば「認知的柔軟性」という概念でとらえています[138]。

v　発達心理学の研究では「更新」というプロセスにあたるものを、しばしば「ワーキングメモリ」というシステムそのものでとらえています[138]。

vi　他者の心の状態を表象するのではなく、単に何かを表象しているレベルは、0次となります。

第3章 うそと欺きの発達

私が大学三年生の時のことです。実習の授業で、大学院生に連れられて初めて幼稚園に行きました。園児たちに用意してきた課題をやってもらおうとすると、5歳くらいの女の子のAちゃんが、とくに私になついてくれました。「遊ぼう」と言って、なかなか課題に協力してくれません。しかたがないので、「このお仕事（実は課題）が終わったら、後で遊んであげるね」と適当な言葉でなだめて協力してもらいました。その後、ほかの幼児たちにも一人ずつ順に課題をやってもらいました。それが終わり、子どもたちに交じって教室にいるAちゃんの後ろ姿は見えたのですが、何も声をかけることなく大学に戻りました。

翌日、課題の続きを行うために幼稚園に行ったところ、Aちゃんが私を見つけると指さしをして、「うそつきやー」「うそばっかり」とプンプンしていて、まるで私の言うことを聞いてくれません（昨日、「後で遊ぶ」と言いながら、遊ばずに帰ってしまったからです）。その様子に私はちょっと胸が痛かったのですが、「へぇー、5歳でもう『うそ』がわかっているんだ！」と感動したことを今でも覚えています。この章で紹介していくように、5歳児になるとすでにうその基本的な知識をもっているのですが、幼児とかかわった経験のなかった当時の私にはとても印象に残る体験だったのです。

1. 子どもはいつ頃からうそをつけるか

うそとは何か?

「子どものうそ（欺き）」は、大学の授業だけでなく一般向けの講演会などでも、もっとも関心が集まる話題の一つです。心理学でも、古くから多くの研究者を魅了してきたテーマですし、振り返ると私自身の研究の原点も、本章の冒頭に記したように、うそについての関心から始まっています。しかし、ひとくくりに「うそ」といっても、多様で実に奥が深いものです。そこで、まず次の質問から始めてみましょう。

「『うそ』とは、いったい何でしょうか?」

みなさんの多くは「本当でないことを言うこと」と答えることでしょう。たしかに、辞書を調べてみても「事実でないこと」（デジタル大辞泉）と定義されています。それでは、次のケースはどうでしょうか。

〔ケース1〕

乗り物が好きなA君がロボットで遊んでいるときに、友だちが飛行機のおもちゃを持ってきて一緒に遊び始めました。その後、大人が「最初は、どのおもちゃで遊んでいたの？」と尋ねると、A君は「飛行機！」と答えました。

A君は「うそ」をつこうとしたのでしょうか。きっとみなさんは否定するはずです。この場合、「記憶の発達の不十分さ」や、印象の強い情報（飛行機）を「抑制する能力の未発達」（第2章参照）が原因だったと解釈するのが妥当でしょう。[174] しかし、「事実でないこと」を言ったのは確かですから、右の定義ではうそをついたことになってしまいます。

〔ケース2〕

B君は、先生から「机の上を片づけなさい」と何度も言われていますが、机の上は散らかったままです。その様子を見たCさんが先生に「B君って、きれい好きですね」と言いました。

Cさんの発話はうそでしょうか。これもみなさんは否定するはずです。この場合、発言が事実と違うだけでなく、Cさん自身が「（自分の）発言が事実と違う」ことも知っています。しかし、自分の発言を先生に信じさせるつもりはありません。先生も「発言が事実と違う」とわかることを前提に言っていますので、「皮肉」や「冗談」や「からかい」となります。

〔ケース3〕

学校でテストの結果が戻ってきましたが、D君はすごく悪い点で、恥ずかしくなりました。家に戻るとお母さんから「テスト、どうだった?」と聞かれたので、D君は「うん、とても良かったよ」と言いました。

D君の発話はうそでしょうか。今度は誰もが肯定するはずです。この場合、発言が事実と違うだけでなく、D君自身が「発言が事実と違う」ことも知っていて、それをお母さんに信じさせようとして言っています。つまり、真のうそとよぶには、①発言が事実と違うだけでなく、②発言が事実と違うことを自分は知っていて、③相手に「(自分の)発言は本当だ」と思わせようという意図がある、という三つがそろう必要があるのです[4]。

うその発達心理学的研究

子どものうそを最初に研究したとされるのは、シュテルン夫妻です[165][194]。実に一世紀以上も前のことです。彼らは、うそを二つに大別して考えています。一つは「欺く意図のある虚偽の発言」と定義し、「真のうそ」としました。もう一つは、空想による虚偽や問いつめられたときのとっさの否認などで、「見かけのうそ」と考えました。そのように子どものうそを二つに区別していった結果、真のうそは4歳頃から見られる一方、見かけのうそはもっと年少から見られると報告しています。これは、現在知られている知見と大きなズレはありません。

その後、ピアジェは、[131]道徳的判断の研究の中でうその発達（正確には、うその理解の発達）に着目しています。そして、誇張や過失などさまざまな組み合わせによる二つのお話を子どもに比較させる研究をしています。

具体的には、次のようなお話です。一つ目は、街を歩いているときに犬に出くわして恐怖を感じた男の子が家に帰り、母親に「牛みたいに大きな犬を見た」と言う、というお話です。二つ目は、学校から家に帰ってきた男の子が、実際はその日にテストを返してもらった事実は何もないのに、母親に「先生がよい点をくれた」と言ってご褒美をもらったというお話です。「どちらの男の子のほうが悪いか」を子どもに聞いてみると、7歳くらいまではお話に登場する男の子の意図を考慮せず、発言の内容が現実から離れているほど悪いと判断しました。このように、「牛みたいな犬を見た」といったありえない誇張や、あるいは単に出来事を誤認していただけでも、事実とは異なる発言は子どもにとってうそと判断されるとピアジェは報告しています。

こうした知見は、ウィマーら[188]の次のお話を使った研究からも追認されています。男の子（兄）がチョコレートを青い棚に入れて出かけた後に、妹からチョコレートの置き場所を聞かれます。

チョコレートを妹にも食べてもらいたいと思っている男の子は「青い棚」と答えますが、実は男の子が出かけた間に母親がチョコレートを青い棚から緑の棚に移動していました。男の子には妹を欺く意図がないにもかかわらず、結果的に事実と違う情報を妹に伝えたことになるのですが、4~6歳の幼児の多くは、このような場合もうそと判断しました。しかし、男の子の意図や道徳的判断について、幼児の多くは正確に理解していました。このお話との比較として、男の子がチョコレートを独り占めしようとして「緑の棚」と答えたとしたら(結果的に正しい情報を伝えていたけれども、妹を欺こうとした)、その場合のほうが意地悪だと判断できたのです。[15][16][54]

まとめると幼児でも、うそとは「事実でないことをいうこと」とわかっていますし、相手の正しい発話を受け入れ、誤った発話を受けつけないのですが、[99]ウィマーらの研究からもわかるように、うそについての認識が大人と子どもで異なることがあるという興味深い現象が見られるのです。

以上に紹介したものは、「うその理解」の発達に着目した研究ですが、「うそをつく行為」そのものの発達については、どのようなことがわかっているのでしょうか。もっとも早期の段階から見られる子どものうそは「罰を避けるためのうそ」[26]であり、これは子ども期にもっともよく見られるうそです。[28][30][169]また、実証的研究では3歳頃からうそが見られ始めます。典型的な方法は「誘惑に対する抵抗」です。たとえば、ルイスらによって、[93]幼児の背後に音が鳴るおもちゃを置き、自分が戻ってくるまでは後ろを見ないようにと子どもに指示してその場を離れるという実験が行われました。その結果、5分後に戻ってくるまでにはほとんどの子どもがおもちゃを見てしまったのですが、おもちゃを見たのかを尋ねられると38％が見たことを否認し、同じく38％が見たことを認めました（残りは無反応でした）。類似の研究は数多く行われており、3歳頃から否認する子が見られはじめ、4歳以降では多数が否認します[132][171]。また、ダメと言われたことを相手に聞こえないようにこっそりとするといった興味深い行動も見られるようになります[107]。

このように3～4歳にもなると、自分の違反的な行為を隠したり、罰を避けるといった目的で、うそをついたり、欺けるようになります。このことは多くの国の子どもを対象にした研究で同様の結果が得られており、文化を超えてみられる発達の現象と考えられます[168]。しかし、これらの多くは否認であり、事実と違うことを相手の心に意図的に生み出すうそではありません。先に述べた「③相手に『（自分の）発言は本当だ』と思わせようという意図がある」が欠けた（もしくは、弱く不十分な）発言といえるでしょう。それでは、そのような意図があるうそをつくには、どのような発達が不可欠でしょうか。それは、本書のキーワードである心の理論と実行機能という認知的な要因の発達です[169]。

心の理論および実行機能との関連

まず、心の理論は意図的に相手を欺くうえで決定的に重要なものです。心の理論を働かせることで、事実と違うこと、つまり「誤信念」

を相手の心に生み出せます。第1章で見てきたように、言葉による反応を求める標準的な誤信念課題に正答できるようになるのは4～5歳頃からでした。このことを考えると、意図的なうそも4～5歳頃からみられると予測されますが、これまでの研究によってそれは支持されています。

うそや欺きの発達を調べるには、「誘惑に対する抵抗」のほかにも方法があります。たとえば、情報を伝えるべき相手から情報を求められる「協力場面」と、情報を伝えるべきでない相手から情報を求められる「競合場面」（非協力場面）が独立に設定され、子どもの反応を見るという手続きが一般的です。ソディアン[157]は、王様と泥棒の人形を使って、「王様が箱の中の金貨を見つければそれを子どもがもらえるが、泥棒が見つけると金貨を持って行ってしまい、子どもはもらえない」というルールを子どもに理解させせました。次に、子どもの選択にしたがって、二つの箱のどちらかに金貨が隠されました。その後、王様が現れて金貨はどこかを子どもに聞く協力場面と、泥棒が現れて金貨はどこかを子どもに聞く競合場面を設けました。すると、3歳児は、両場面の区別ができず、王様だけでなく泥棒にも本当のこと、つまり金貨が入っている箱を指さして教えてしまいました。競合場面での泥棒にだけ金貨が入っていない箱を指さして選択的に欺けるようになったのは、4歳を過ぎてからでした。

同様のことは、情報の伝達だけでなく、行動のレベルでも明らかになっています。3歳でも「証拠となる足跡をふきとって消す」ことから欺けるという報告もありますが[21]、相手によって行動を変えるわけではないようです。3歳では、助けるべき相手（王様）がいる協力場面でも、助けてはならない相手（泥棒）がいる競合場面でも、区別なく消してしまいます。競合場面でのみ選択的に欺けるようになるのは、やはり４歳を過ぎてからでした[158]。

このように、相手に誤信念を生み出させるように意図的にうそをついたり、欺いたりするようになるのは、幼児期の４～５歳頃からであることが繰り返し報告されています[130][148][180]。

うそや欺きを可能にするもう一つの認知的な要因は、実行機能です。自分が知っている情報を反射的に口に出さないように堪えたり、代わりに誤った情報を意図的に伝えたりするように、行動をコントロールする必要があります。これは、目標に向けて注意や行動を制御する能力を働かせることですから、第２章で紹介した実行機能となります。こうした実行機能が、心の理論の発達と関連することを第２章で紹介しましたが、うそや欺きでも同様です。抑制や更新（ワーキングメモリ）が、うそをつく能力とも相関があることが多くの研究で報告されています[2][172]。情報を伝えるべき相手には真実を伝え、伝えるべきでない相手にはうそをつくというように、その使い分けがうまくできる子どもほど、葛藤抑制の能力が高いことを明らかにした研究もあります[148]。

2．状況に応じた欺き

「場を読む」ということ

ここまで紹介してきたように、欺きやうそを扱った認知発達の研究では、情報を伝えるべきでない相手から「直接、情報を求められる（聞かれる）」場面で、欺けるかどうかを調べるという手法が一般的です。しかし、私たちの日常場面を振り返ると、欺く場面はそれだけではありません。もっと場を読み取り対応すべきことがあります。

刑事ドラマの『相棒』（テレビ朝日系）を例に考えてみましょう。『相棒』では、主人公の右京さん（杉下右京警部）は警視庁の特命係に所属していますが、その特命係と捜査一課は犬猿の仲です。鑑識課の米沢さんは、捜査一課の伊丹刑事のことが嫌い（のよう）で、こっそりと特命係に情報を流していますが、時々、伊丹刑事に見つかって怒られます。

その米沢さんが、鑑識部屋で事件の解決につながりそうなあらたな証拠を見つけたとしましょう。そこに伊丹刑事がやってきて、「おい、何か証拠は見つかったか?」と問いつめますが、米沢さんは知らないふりをします。伊丹刑事は舌打ちをして立ち去ろうとします。そこへ、右京さんがドアを開けて鑑識部屋にやってきて、「何か証拠は見つかりましたか?」と尋ねますが、ちょうど伊丹刑事がドアの陰になり、右京さんからは伊丹刑事が死角に入っていて見えないとしましょう。このとき、米沢さんはどんな反応をするでしょうか。間違いなく、「見つかりました!」などとは言わないはずです。[i]

情報を知られたくない相手（右の例では伊丹刑事）が近くにいる状況で、知らせるべき相手（右京さん）から情報を求められた場合は、情報を伝えるのをしばらく「保留する」（伊丹刑事が去った後に、右京さんに情報を伝える）ことや、知られたくない相手（伊丹刑事）に聞こえにくいように「小さい声でそっと伝える」などの工夫が必要です。このように日常では､的確に場を読み、たとえ情報を伝えるべき相手であっても、即時的に反応せず、伝達するタイミングや声の大きさを調整するなどして、情報を伝えるべきでない相手を欺くことも重要なのです。実際に、大人はこうした場面で柔軟に行動をしています。

葛藤状況での欺きの実験的研究

それでは、子どもはこのような場面に直面したときにどのように反応するでしょうか。私はこのことを明らかにしたいと考え、これまでの欺き研究のように、「協力場面と非協力場面が独立している状況」で、情報を伝えるべき相手と伝えるべきでない相手から個別に情報を求められる状況（非葛藤条件）に加えて、両者が同時に存在するため「協力場面と非協力場面が葛藤する状況」（葛藤条件）をあらたに設定しました。[63] 両条件を比較することで､状況に応じて行動を調整する工夫が、子どもにおいてどのようにみられ、どの程度難しいのかを発達的に検討できると考えたのです。

実験状況を具体的に紹介しましょう。菊野[75]の方法を参考にして、私のゼミの学生三人に、ウサギ、キリン、オオカミのパペットを用いて、次の人形劇を子どもの前で演じてもらいました。

最初は、「関係の把握」です。ウサギとキリンは仲が良いが、ウサギもキリンもオオカミを嫌っていることを演じて、三者の関係を幼児に認識してもらいました。その後、非葛藤条件と葛藤条件を実施しました（図3－1）。

〔シーン1〕

ウサギが現れ、子どもに「後でキリンさんに会いたいけれど、オオカミから逃げているの。赤い（青い）家に隠れるから、オオカミから守ってくれるって約束してくれる？」とお願いし、「いいよ」という返事を子どもから得た後、赤い（青い）家に隠れました（赤い家と青い家のどちらに隠れるかは試行ごとに変えました）。

ここから、非葛藤条件と葛藤条件に分かれます。非葛藤条件では以下の順に進みました。

〔シーン2a　非協力場面〕

オオカミが現れ、「ウサギがどこにいるのか教えてくれ！」と子どもに聞きます。ここで子どもがウサギのいる家をオオカミに教えてしまった（欺けなかった）場合、オオカミはそちらへ移動してウサギを捕まえ、その試行が終わります。逆に、ウサギがいない家を教えた場合や答えるのを拒否した場合（欺けた場合）は、オオカミはウサギを見つけられず、立ち去ります。

〔シーン3a　協力場面〕

子どもがオオカミを欺けた場合にはキリンが現れ、「ウサギさんに会いたいんだけど、どこにいるか教えて？」と聞きます。子どもがウサギのいる家を教えると、キリンはウサギのところに会いに行き、「会えたね。良かった」と言って、その試行が終わりました。

葛藤条件では、非葛藤条件の（シーン１）の後、以下の順に進みました。

〔シーン2b〕

オオカミが現れ、「（子どもからは右側に首を向け）あっ、キリンが来るぞ。（子どもからは左側にある木のほうに首を向け）よし、帰る前にあの木の陰に隠れて、少しキリンの様子を見よう！」と言って、木の陰に隠れ、キリンと子どものやりとりをうかがう状況としました。ただし、子どもの側から見ると木の前に位置するため、子どもからはオオカミの姿が丸見えでした。

〔シーン3b　葛藤場面〕

続いて、「協力場面と非協力場面が葛藤する状況」として、キリンが現れ、（木の陰に隠れて見えないオオカミに気づかないふりをして）子どもに「ウサギさんに会いたいんだけど、どこにいるか教えて？」と聞きます。子どもが無反応の場合は、15秒ごとに「ウサギさんがどこにいるのか教えて」と二回（15秒後と30秒後）まで繰り返しました。45秒経っても子どもが黙っている場合は、オオカミは「もういいや」と言って立ち去ります。その後、キリンが「あっ、オオカミがいたのか！　危なかった～。ねぇ、ウサギさんがどこにいるのか教えて」と子どもに聞きます。子どもがウサギのいる家をキリンに教えると、キリンはウサギに会いに行き、「会えたね。良かった」と言って、その試行を終えました。

子どもが途中で、キリンにウサギのいる家を教えた場合は、オオカミが「よし、赤い家（青い家）だな」と言って、そちらの家に先回りしてウサギを捕まえ、試行を終えました。

さて、状況説明が少し長くなりましたが、結果は興味深いものでした。まず、非葛藤条件では、シーン2a（非協力場面）でオオカミにウサギがいる家を教えた反応を「誤反応」とし、ウサギがいない家を教えた反応と、答えるのを拒否した場合を「正反応」としました。その結果、4歳から5歳にかけて正反応数が増え、5歳になると多くの子どもがオオカミを欺くことができました。しかも、正反応だった場合は、ほぼ全員がシーン3a（協力場面）でキリンが現れてウサギの居場所を聞くと、即座にウサギがいる家を教えました。つまり、相手によって選択的に欺くことができたのです。

葛藤条件では、シーン3bでの次の四つの反応を「正反応」としました。第一は「無反応（完全）」で、第二は「無反応（不完全）」です。両者は、「キリンに聞かれても、即時的に反応しなかった」と「（少なくとも一度）木の陰にいるオオカミのほうに視線を向けた」の二つの基準を満たすものとし、このうち、オオカミが去るまでずっと無反応を保つことができた場合を「無反応（完全）」としました。この場合、オオカミが去った後にキリンからウサギの居場所を聞かれると、すべての子どもが即座にウサギのいる家を教えました。これに対して、途中でキリンに教えた場合は「無反応（不完全）」としました。第三は「小さい声で伝えた」です。たとえば、「オオカミがいるので気をつけてね。小さい声で言うよ。（声をひそめて）赤い家」というように、オオカミに聞こえないように自分の行動を調整した場合をあてはめました。第四は「逆」です。これは、キリンにウサギがいないほうの家を教えた場合ですが、オオカミにつかまらないよう考慮したと考えられるため、正反応としました。以上の四つ以外は、キ

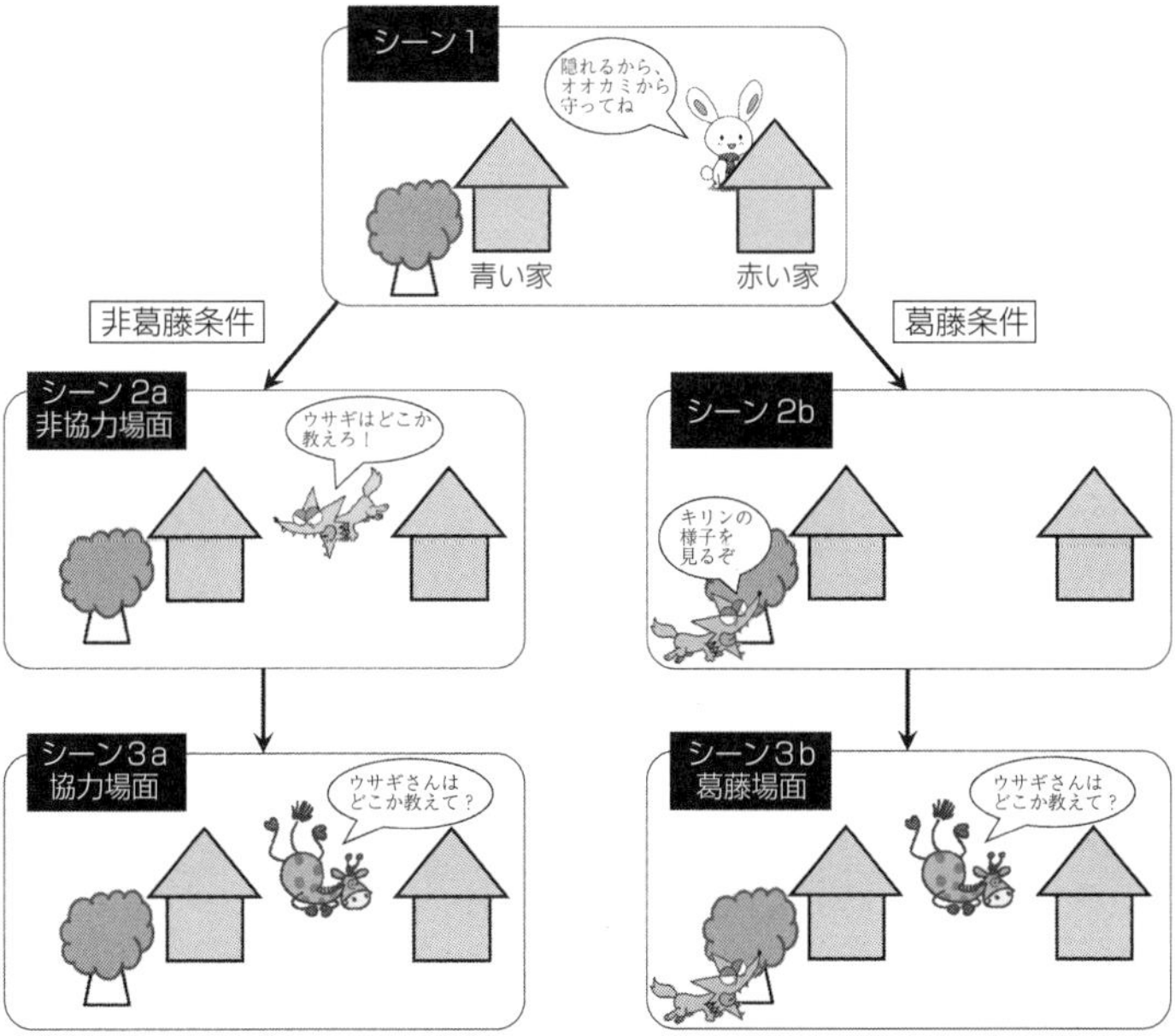

図3-1　葛藤状況での欺きの実験（その1）（Hayashi, 2017[63]）

リンから聞かれた際に、キリンにウサギの居場所をすぐに教えるという即時的反応であったため、「誤反応」としました。

その結果、葛藤条件の正反応数はどの年齢でも少なく、6歳でもその平均は、4歳の非葛藤条件より低かったのです。これは、状況に応じて行動を調整する工夫は、幼児期にはまだ難しいことを意味します。

課題が難しすぎたのか？

ここまでお読みになられて、「葛藤条件の場面は幼児に難し過ぎるのでは？」と思われたのではないでしょうか。そこで、二つ目の実験をすることにしました。今度は「オオカミとキリンが同時に存在する」という葛藤場面を明確にするため、キリンの隣にオオカミを立たせることにしました。ただし、オオカミが真横にいる状態でオオカミと仲の悪いキリンが子どもに尋ねるのは不自然ですので、オオカミが「クマに変装する」という状況を考えました（図3－2）。ここで、キリンが「見かけはクマであるが、本当はオオカミである」ことが幼児にわかるのかという疑問をもたれるかもしれませんが、先行研究から4歳頃にはすでに「見かけと本当の区別」ができるようになっており[32]（第1章参照）、今回は5～6歳を対象としますので、問題はないと考えました。

実験の状況は、一つめの実験と同様の非葛藤条件と葛藤条件に加えて、それらに対応する変装条件を用意しました。「変装—非葛藤条件」では、シーン2cで、オオカミが登場後にクマのパペットを被り、「これなら、クマに見えるだろう！」と言って、子どもにウサギの居場所を教えるように求めました。

「変装―葛藤条件」では、同様にクマのパペットを被り、「これなら、キリンにもクマに見えるから、俺がオオカミだってわからないはずだ！」と言いました。そして、シーン3dでキリンが登場し、「あっ、クマさんもいたんだ。ねえ、クマさん、ウサギさんがどこにいるか教えてくれない？」と聞きます。クマに変装したオオカミは「俺も知らないんだ。○○ちゃん（子どもの名前）に聞いてみてよ」と

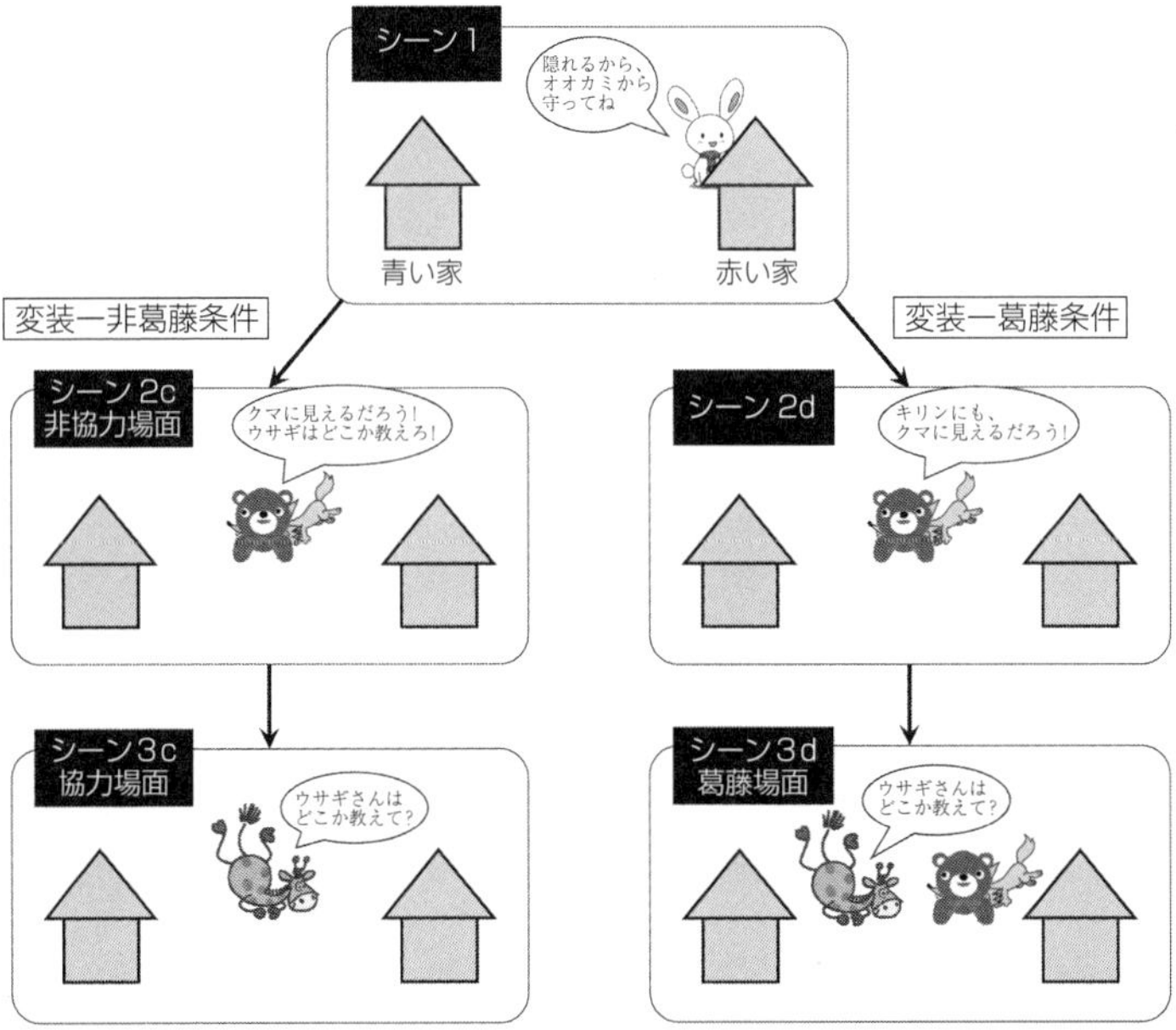

図３-２　葛藤状況での欺きの実験（その２）（Hayashi, 2017[63]）

答えます。そこで、キリンは「〇〇ちゃん、ウサギさんがどこにいるか教えてくれない?」と、子どもに尋ねました。

実は、実験2を行う前の予測で、私はたとえ葛藤場面であっても変装条件であれば子どもはウサギの居場所を教えるのを躊躇するだろうと思っていました。まさか、オオカミが(見かけはクマですが)真横にいるのに、教えたりはしないだろうと。しかし、結果は驚くべきものでした。幼児の多くが、何の躊躇もなくウサギの居場所をキリンに教えたのです。しかも、これらの子どもは、変装―非葛藤条件で正答していたので、「クマが本当はオオカミである」ことをわかっていたにもかかわらずです(なかには「本当はオオカミだよ!」と警告してくれる子さえもいました)。

この結果をどう解釈すればよいのでしょうか。まず、一つ目の実験での場面設定には問題がなく、二つの実験結果は子どもが「葛藤状況を理解できていない」ことを意味すると思います。しかし、そこにはいくつかのレベルがありそうです。第一に、「同時に注意する」ことができなかったという可能性が考えられます。子どもたちは、オオカミが木の陰に隠れるまで視線で追っていたため、「オオカミがキリンの様子をうかがっている」という状況そのものは理解していましたが、キリンが出てくると即時的に教えてしまいました。これは、複数のことに同時に注意を払うのが難しいことを示し、実行機能でいえば、シフティングや更新(ワーキングメモリ)に限界があったのかもしれません(第2章参照)。第二に、注意に問題がなかったとしても、「葛藤状況が意味すること」をどうとらえてよいかわからないという可能性もあります。つまり、「味方(キリン)

に伝えると、敵（オオカミ）にも伝わってしまう」という理解の不十分さです。この理解は状況を読んで欺くために、決定的に重要です。

以上の結果は、子どもが「秘密を守れない」ことの一端を説明できるのではないでしょうか。子どもと話していると、情報を知られたくない人が近くにいるにもかかわらず、その情報を子どもが口にして、「どうして、ここで話してしまうの！」と感じる場合がありますが、この実験結果を知ると、それは起こりうることだとわかるでしょう。子どもは内緒にしておけないとよく言いますが、それとは違った意味（内緒にしておけるはずですが、葛藤状況では話してしまう）で、秘密を（ある意味、非意図的に）漏らしてしまうこともあるのだとこの実験で示されました。

このように、大人であれば躊躇するところで、子どもが即時的に反応してしまうのには驚かされますが、これほど秘密を守ることが困難であると、逆にできる子のほうが際立ちます。実際、子どものなかにはまれにですがオオカミの存在を意識した反応も見られました。具体的には、オオカミが立ち去るまで45秒間待ち続けた反応があったり、「オオカミがいるから、小さい声で言うね。（小さい声で）赤い家」と言ったり、指先だけを曲げた小さな動きの指さしをしながら口をパクパク動かしてウサギの居場所を伝えようとしたりする様子が見られたのです。これらは、幼児期においてすでに状況を的確に読み取り、自分の行為をコントロールできたことを示す高度な反応といえるでしょう。これこそ「その場に応じて柔軟に変化させる人間らしいコミュニケーション」の先駆けであり、人間関係を把握して振る舞うことの基礎につながると感じます。

3. うそは社会性の発達のあらわれ

うそのない世界

私たちは小さい頃から「うそをつくな」と教育されてきました。それでは、もしこのことば通り、本当に「うそをつくことが許されない」とすれば、私たちの生きる世界はどのようになるでしょうか。第1章で自閉症児は、定型発達の子どもほど心の理論をうまく働かすことができない様子を紹介しました。それゆえ、自閉症児はうそや欺きが苦手と言われます。田中真理著の論文では、そのような自閉症の様子が次のように報告されています[173]。

一つ目は、トランプの「ババ抜き」での遊び場面です。ババ抜きは、みなさんもご存知のように、自分の手の内を隠すためにお互いにカードが見えない状況で行うゲームです。したがって、(1)どのような角度と高さでカードを持てば相手に見えないかを考えながら行動を調整する、(2)ババを引いた場合は、周囲の人に悟られないように平然を装う、(3)相手にババを引かせるために、相手の裏の裏をかくように考える、といったことが求められます。ところが、自閉症児のA君（中学二年生、IQ74）は、(1)すべてのカードが周囲の人に見えるような持ち方をしただけでなく、(2)「ババを持っているのは誰だ?」というほかの子どもの発言に対して、「はい、僕です!」と自ら手をあげ、さらには(3)ババのカードだけ「このカードを取ってくれ」とでも言うように飛び出させて相手に差し出したそうです。この論文では、このように「正直に」進んでいくババ抜きは、定型発達児にはスリルがなく淡々と進んでおもしろさが感じられないけれども、自閉症児には相互の手の内がわかったうえでゲームを進めることのほうがおもしろいのかもしれないと考察されています。

二つ目は、ＩＱが１３０近くある自閉症の高校生Ｂ君です。Ｂ君は、友だちに「『明日一緒に映画に行こう』って約束したけれど、何だか君と一緒に行くのは気分がのらないんで、僕は行かないことにしたんで」と電話で言ったそうです。さらには、それが聞こえて驚いている田中先生に対してＢ君は「やっぱり悪かったですね。映画の約束を破って」と言ったそうです。このことについて、この論文では、「悪いのはそのこと以上に、体調が悪いとか家の用事で急に家族で出かけることになった等の『うそ』の理由ではなく、『君と一緒に行くのは気分がのらない』と理由を正直に表現したことのほうであると『普通は』思うのでは」と指摘されています。[ii]

Ｂ君が正直者であることは間違いありません。しかし、正直であることは、この例が示すように、ときには残酷でもあるのです。「うそは悪いこと」とされますが、私たちは発達とともに本当のことを正直に言ったばかりに人を傷つけてしまうことを体験しながら、どのような状況でうそをつけば人間関係が壊れないかをスキルとして身につけていくのです。場を読んで柔軟に行動を変えることが難しい幼児期にこうしたスキルを身につけていくのはまだ難しく、児童期に発達が進みます。本節ではこの様子を見ていくことにしましょう。

児童期の「場を読む」ということ

すでに紹介したように、4～5歳頃から意図的なうそをつけるようになることが知られています。しかし、うそがその場かぎりで終わるということはあまりなく、一度ついたうそがばれないためには、その後も辻褄を合わせる必要があります。ここで、二次の心の理論がとても重要になります（第2章参照）。「『自分が知っていること』を相手が知っている」かどうかも理解できるようになり、裏の裏をかくことができるからです。実際、タルワーらは、[170] 6～11歳の子どもを対象に、最初についたうそとその後の発話を一貫させ、辻褄を合わせられるかどうかを検討しています。この研究によると、こうした辻褄を合わせる能力は、年齢が増すとともに高まりました。さらに、この能力が高まるほど、二次の誤信念課題の成績もよいことがわかりました。つまり、二次の心の理論の発達は、「うそをつく」だけでなく、「うまくうそをつく」ためにも重要なのです。

また、先ほどの自閉症のB君ができなかったことですが、うそには他者を気遣う向社会的なものもあります。たとえば好みでないプレゼントをもらったときのように、落胆や悲しみの表情を出さずに笑顔で応対すべき場合があります。このように相手の感情を傷つけないように社会的慣習に従って表情を示すことを「表出ルール（display rule）」とよびますが、これも二次の心の理論と関連します。[11][119] また、表情ではなくことばによる表出は、英語で「ホワイトライ（white lie）」と言います。日本語では、「悪意のないうそ」といった感じですが、このホワイトライも二次の心の理論と関係します。[13]

私もゼミ生とともに、ホワイトライがどれほど見られるかを検討したことがあります[64]。小学二年生と五年生、そして大人を対象に、男の子と女の子が登場するお話を呈示しました。具体的には、男の子が教室の本棚を整頓して遊びに行っている間に、女の子がもっときれいに本棚を整頓してしまうというお話です。男の子が教室に戻ると、女の子が「本棚を整頓しておいたよ」と男の子に言うのですが、男の子は女の子に嫌な思いをさせたくありません。このときの男の子の本当の感情では、二年生でも大人と同程度にネガティブな感情（悲しみや怒り）を選びました。これは、他者（男の子）の感情を推測するという一次の心の理論のレベルですから、二年生でも大人と同程度であったことは納得できる結果です。ところが、男の子の発話では、大人の多数がポジティブな「ありがとう。助かったよ」（うれしい感情に相当＝ホワイトライ）を選んだのに対して、二年生の多くがネガティブな「え〜、さっきぼくが整頓したのに」（悲しみの感情に相当）や「よけいなことをするなよ！」（怒りの感情に相当）を選びました。五年生でもうれしい感情に相当する発話を選んだ割合は大人に比べて低いものでした。同時に聞いた「男の子は自分のことを女の子にどう『思って』ほしいか」という二次の心の理論にかかわる質問も、発話を選んでもらう質問と関連があり、「うれしいと思ってほしい」を選ぶ場合は「ありがとう。助かったよ」を選ぶというように、発話と一致した感情を選ぶ傾向が明確にみられたのです。

ただし、本当の感情を偽ることが常に有益というわけではありません。たとえば、他者が余計なことばかりをして、迷惑をかけられている場合を考えてみましょう。このような場合、相手に相手自身の行動が無神経であることに気づいてもらうために、「あえて本当の感情を表出する」場合もあると思います。つまり、「人は状況に応じて選択的に感情を隠したり表出したりする」のですが、このことを子どもが何歳頃から理解しているのでしょうか。

私はゼミ生とともにこの問題を調べようと思い、小学一年生、三年生、五年生、そして大人を対象に、先ほどと類似したお話を提示しました。[65] ただし今回は、男の子が教室に戻って、女の子から「本棚を整頓しておいたよ」と言われたときに、「男の子は女の子に嫌な思いをさせたくありません」という向社会的条件に加えて、「女の子は自分で整頓しないと気がすまない人なので、クラスのみんながうんざりしています」という本心を伝達したくなる条件を設定しました。男の子がどう発話するかを質問した結果、大人では向社会的条件ではポジティブな発話を、本心を伝達したくなる条件ではネガティブな発話を選びましたが、一年生はどちらの条件でもネガティブな発話を選びました。向社会的条件では、ネガティブな発話を選ぶ割合は一年生から大人に向けて減少しましたが、本心を伝達したくなる条件ではU字型を描き、一年生から三年生にかけて減少し、五年生から大人にかけて増大したのです。また、向社会的な状況では、「男の子は女の子に自分の本心を『知って』ほしくない」状況であるのに対して、本心を伝達したい状況では、「男の子は女の子に自分の本心を『知って』ほしい」状況ですので、二次の心の理論との関連が予想されます。実際に、同時に聞いた二次の心の理論にかかわる質問や二次の誤信念課題の成績とも関連がありました。このことから、6~7歳頃までは、人は状況に関係なく本心を示すと考えている傾向があるようです。しかし、二次の心の理論の発達とともに、８～９歳頃には、「人は状況に応じて選択的に感情を隠したり表出したりする」ことを理解し、児童期後期の10～11歳頃までにこうした理解が明確になることが明らかになりました。

　また、二次の心の理論の発達によって、うそと冗談（あるいは皮肉）のような微妙なニュアンスの区別もできるようになります[89][190]。うそも冗談（皮肉）も、事実と違うことを言っているという点では同じです。しかし、どちらも勘違いではなく、意図的に事実と違うことを言っていますので、一次のレベルでは両者を区別できません。二次のレベルで心の状態を読み取ることで、うそと冗談（皮肉）の区別

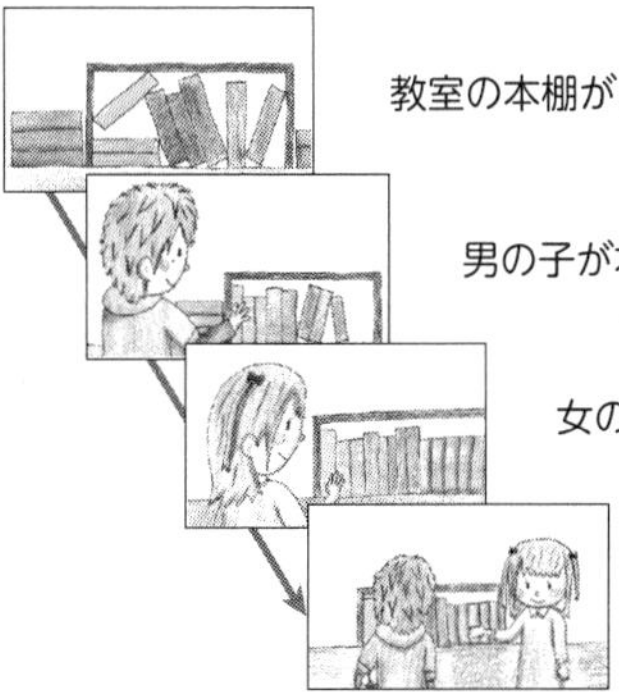
教室の本棚が、散らかっている
男の子が本棚を整頓し、遊びに出かける
女の子が来て、もっときれいに本棚を整頓する
男の子が戻ると、女の子が「本棚を整頓しておいたよ」と言う
(向社会的条件)
女の子に嫌な思いをさせたくない
(本心を伝達したくなる条件)
女の子は自分でしないと気が済まないので、みんながうんざりしている

図３-３　発話の表出を調べる課題の例　イラストⓒ Misaki Mano
(Hayashi & Shiomi, 2015[65])

ができるのです。たとえば、男の子がお母さんに「僕は大そうじをしたよ！」と言ったときに、お母さんは部屋が散らかったままであることを「『知らない』と思って」発言したのであれば「うそ」ですが（図3－4左側）、「『知っている』と思って」発言したとすれば「（自虐的な）冗談」といえます（図3－4右側）。実際に、この二つのお話を一年生から六年生に聞かせると、三年生頃（8～9歳頃）から、うそと冗談を区別することが正確になり、二次の心の理論にかかわる質問や二次の誤信念課題の成績とも関連しました[56]。

このように、児童期は心の理論のさらなる発達にともなって、表出ルールやホワイトライなど、他者を気遣ったうそが発達し、人は状況に応じて選択的に感情を隠したり表出したりすることの理解も進んでいきます。こうしたことから、場の空気を読む能力が高まり、コミュニケーションも洗練されます。

図3-4　うそと冗談の区別を調べる課題（林, 2002[56]）

つまり、社会性が深まり、大人に近づいていくのです。

4．うその発達と教育のヒント

うその発達のレベル

ここまで、うそと欺きの発達について心の理論や実行機能といった認知的な視点から説明しました。これに関連した研究として、タルワーとリー[172]の論文とリーカム[90]の論文から、子どものうそが三つのレベルで発達していくという知見を紹介しましょう（図3-5）。

まず、リーカムの用語で「レベル1」（タルワーとリーによる用語では「最初のうそ（primary lies）」）とよばれるものです。罰を避けようとして、事実と違う発言をするうそで、3歳頃からみられます。[iii] たとえば、「箱の中を見たの？」と聞かれると「見ていない」と否認するようになりますが、この年齢の子どもでは一貫させることが困難です。続けて「箱の中は何かな？」と聞くと、「おもちゃ」と正直に答えてしまうのです。また、心の理論の発達も不十分なため、意図的なうそをつかれても、相手が欺こうとしていることに気づけず、事実と違う発話は間違いであると考えるようです[102]。

次は「レベル2」（タルワーとリーでは「第二のうそ（secondary lies）」）で、4～6歳頃が該当します。このレベルへの移行は、一次の心の理論の発達が大きな鍵を握ります。相手の心の状

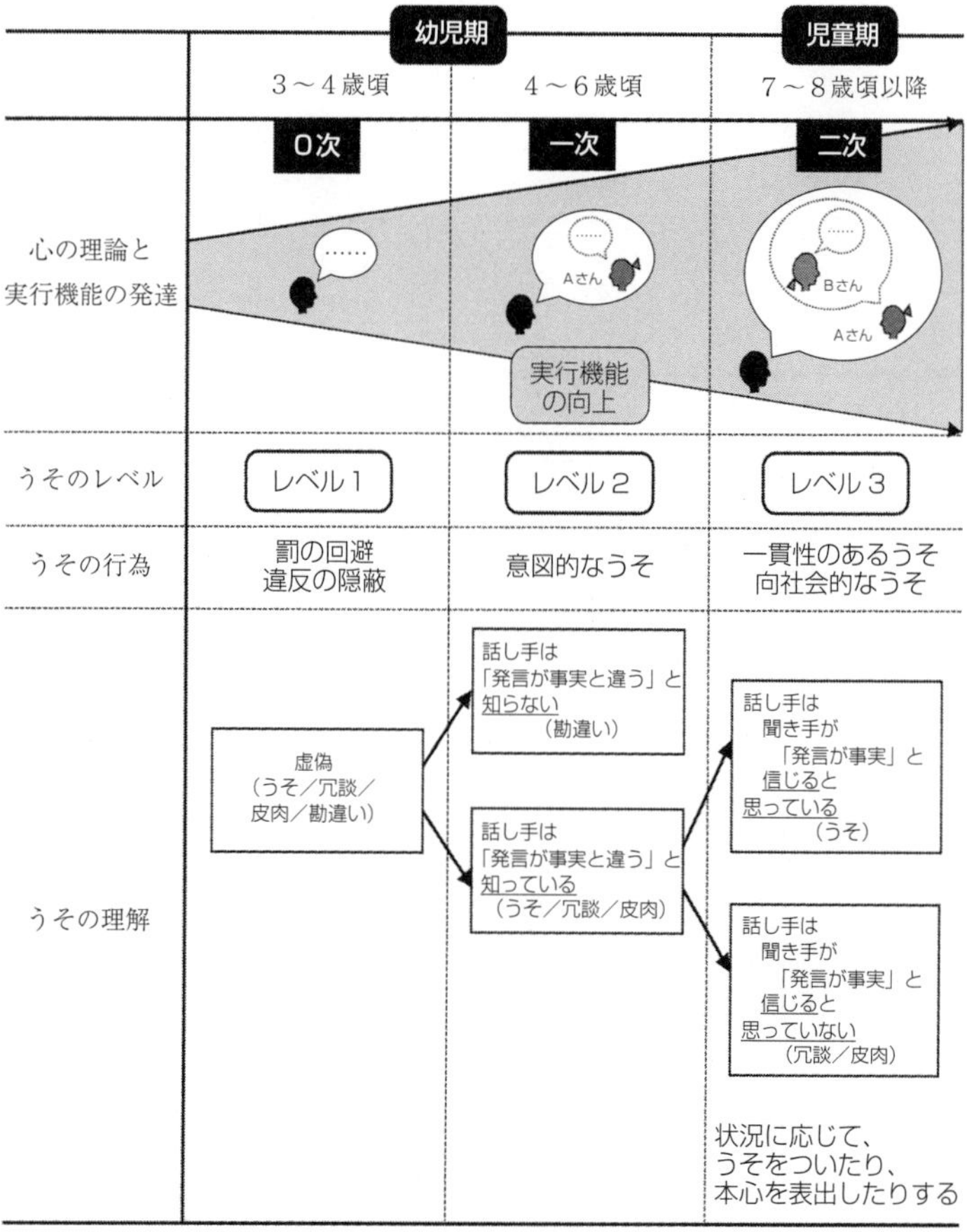

図3-5　認知的要因に注目したうその発達（林, 2013[61]を改変）

態に注意が向き、誤信念を生み出す意図的なうそがつけるようになります。「うそ泣き」という興味深い行動も示唆されています。[11] また、虚偽の発話がわざとかわざとでないかも区別できるようになります。それゆえ、うそを勘違いと識別できますが、この時期の子どものうその定義は大人と違うことがあり、勘違いの状況もうそとみなす興味深い現象も見られます。

その次が「レベル3」（タルワーとリーでは「第三のうそ（tertiary lies）」）で、7〜8歳頃からみられます。うそが洗練され、一貫性のあるうそもつけるようになります。このレベルへの移行は、二次の心の理論の発達が鍵を握ります。自分の心の状態が相手にどう思われているかまで考慮できるようになり、ホワイトライのように他者を気遣う「向社会的なうそ」もつけるようになります。また、「人は状況に応じて選択的に感情を隠してうそをついたり、本心を表出したりする」ことを理解し始め、うそと冗談（皮肉）の区別といった高度な理解もできるようになるのです。

うそに対する教育

それでは、子どものうその発達に対して、大人の側はどう理解し、どのように教育していくことが望ましいのでしょうか。

リーらは、古典的寓話を題材にして、子どものうそを低減させる（正直さを促進する）には、何が有効かを検討しています。[88] この実験では、「誘惑に対する抵抗」で、のぞき見した子ども（3

～7歳）に次の四つの寓話のいずれかを聞かせました。一つ目は「ピノキオ」で、うそをつくことで鼻が延びてしまうというネガティブな結果となるお話です。二つ目は「オオカミ少年」で、「オオカミが来た」とうそを何度もつくことで信じてもらえなくなり、本当にオオカミが来たときに襲われてしまうという、これもネガティブな結果となるお話です。三つ目は「ワシントンと桜の木」で、ジョージ・ワシントンが幼い頃、父の大事な桜の木を切ってしまったことを正直に告白したところ、その正直さをほめられたというポジティブなお話です。四つ目は「うさぎとカメ」で、これはうそや正直さとは関係がないお話であり、結果を比較するためのコントロール群として設定されました。その結果、のぞき見を認めた（うそをつかなかった）子どもの割合は、「ワシントンと桜の木」を聞かされた群でのみ、コントロール群より高かったのです。このことから、子どものうそを低減させる（正直さを促進する）には、ポジティブな結果となるお話が有効であることが示唆されました。

この実験には続きがあります。もしかすると、ジョージ・ワシントンという偉人のお話だった影響があるのかもしれません。そこで、リーらは、お話の最後を改変して、うそをついたことでネガティブな結果となる「ネガティブなワシントンと桜の木」のお話を用意して、二つ目の実験を行いました。その結果、「ネガティブなワシントンと桜の木」を聞かされた群で、のぞき見を認めた子どもの割合は、実験1のコントロール群や「ピノキオ」、「オオカミ少年」を聞かされた群と同程度に過ぎませんでした。したがって、子どものうそを低減させる（正直さを促進する）

には、ポジティブな結果となるお話が有効であることが追認されたのです。

この結果は、教育的に重要な示唆を含んでいます。というのも、不正直さという負の面を強調するより、正直さという正の面を強調するほうがよいわけですが、実際には、親や教師は逆のことをしがちで、正直さをほめるよりは、欺きを罰しがちです。[183] しかし、本章でも紹介したように、幼い子どものうそとしてもっとも典型的で頻繁に見られるのが、「罰を避けるためのうそ」[30][169]です。子どもはネガティブなことに対して敏感なので、それを強調する道徳的なお話は、幼児の正直さを促進する上で十分ではないかもしれません。親や教師は、「うそをついたことを罰する」ことをしがちですが、「正直さをほめる」ことが効果的なのです。また、「のぞき見をしていたとしても怒らないから、本当のことを言ってくれるとうれしいな」などと、罰の免除と「良い子」に戻る方法の両方を提示することも有効といわれます。[12] このように教育の工夫はたくさん考えられます。

また、うそや表情研究の第一人者であるエクマンは「ハロー効果」の影響に気をつけるべきであると示唆しています。[28] ハロー効果とは、ある特性が優れていると、ほかの特性も優れているととらえてしまう人間の一般的な認知の傾向をさします。この作用はネガティブな方向にも働きます。つまり、ふだんの素行が悪い子どもは、うそをついていなくてもハロー効果の影響でうそつきであると誤解されることがよくあるのです。これは大人が子どもを育てる際にふだんから心にとめておきたい重要なポイントだと思います。このように、大人が人間の認知的な傾向を認知する、つまりメタ認知することで、子どもの社会性を育む際に生かせる点については、第6章で考えたいと思います。

まとめ

本章では、うそと欺きの発達について、さまざまな研究を紹介し、教育的な点を考えてきました。ただし、他者にうそをつかれたり、欺かれたりしたままでは不利益を被ります。したがって、他者の行為の善悪を適切に考える道徳的判断も大切です。他者を欺くことと、その行為を考える道徳的判断は「裏表の関係」にあるともいえます。次の第4章では道徳性の発達について考えていくことにしましょう。

註

i　これが米沢さんではなく、捜査一課の芹沢刑事ですと、「見つかりました!」と答える場面でしょう。芹沢刑事は、何か聞かれると条件反射的に答えてしまい、先輩の伊丹刑事に怒られるというのが『相棒』のお約束シーンでもあります。このように、抑制が働いていない芹沢刑事の様子は、3歳児の典型的反応に似ていると感じます。

ii　このほかにも、後述する「うそと冗談の区別」も自閉症の子どもは苦手といわれます。[91] このように、自閉症にはコミュニケーションの難しさがありますが、それを高める教育方法も数多く提案されています。

iii　ただし、幼児のうそをつく能力が過小評価されている可能性も示唆されています。[30] 一般に幼い子どもは「肯定バイアス（yes bias）」、つまり「はい／いいえ」で答えられる質問に「はい」という回答の偏りを示すため、[125]「箱の中を見たの？」と聞かれると、つい「うん」と答えてしまっているのではないかというわけです。

第4章 道徳性の発達

「カルネアデスの板」という問題をお聞きになったことがあるでしょうか。古代ギリシャの哲学者カルネアデスが提起した問題です。船が難破して二人の船員が波間に漂っているところへ一枚の板が流れてきたものの、その板は二人をともに支えるだけの浮力がないため、一人の船員が助かりたい一心から、もう一人を溺死させて生き残ったというものです。

ここでの問題は、「その生存者が許されるかどうか」ということです。もし、感情を排して冷徹かつ「論理的」に考えれば、二人ともが死んでしまうのを避けて一人でも生き残ったことは、功利主義的に考えれば望ましいことだったといえるかもしれません。功利主義とは、哲学者ベンサムの「最大多数の最大幸福」という言葉で代表されるように、善悪は社会全体の効用や公益性などによって決定されるとする考え方です。刑法でも、「カルネアデスの板」のような場合、「緊急避難」の規定で、一定の要件をみたせば罰しないとされています。[35] しかし、私たちの多く

は、他人を犠牲にして自分だけ助かろうとすることに、道徳的によくないものを「直観的」に感じてしまいます。豪華客船タイタニックの沈没を描いた映画『タイタニック』では、ジャックは愛するローズを救い、自分は海に沈んでいくという痛ましくも感動的なシーンがありました。私たちがローズの立場になれば、生き残ってしまった自分は本当に良かったのかと心の中で自問しながら生きることになるかもしれません。[i]

道徳ということばを聞くと、何か深い精神性と客観的な思考の上にある崇高なもののようにも感じられますが、右の例からもわかるように、私たちの道徳的な認識には、論理的な判断や理性によるものだけでなく、それを超えた何かもありそうです。

1．論理と直観

トロッコ問題

二〇一〇年にハーバード大学のマイケル・サンデル教授が、学生と議論しながら講義を進める様子を録画した『ハーバード白熱教室』が放映され、大ヒットしました。この講義の初回で、「トロッコ問題」とよばれる次のような究極の選択を求める状況が紹介されました。

〔シーン1〕

五人の人間が線路上にいる。その線路上をトロッコが猛スピードで走っていて、このままでは五人が轢き殺される。五人を助けるには、あなたの目の前にある転轍機（ポイント）のレバーを引いて、トロッコを支線に誘導すればよい。ただし、その場合は支線上にいる一人の人間が轢き殺される。

あなたは、ポイントのレバーを引くか？

みなさんは、このような状況でポイントのレバーを引くでしょうか、それとも引かないでしょうか。深く考えずに直観的に判断してみてください。

次は少し状況が変わります。

〔シーン２〕

五人の人間が線路上にいる。その線路上をトロッコが猛スピードで走っており、このままでは五人が轢き殺される。跨線橋の上にいるあなたの横には、見知らぬ太った人がいる。五人を助けるには、その太った人を線路に突き落として、トロッコを止めればよい。ただし、その場合は太った人が死ぬ。

あなたは、横にいる太った人を突き落とすか？

今度はどうでしょうか？　みなさんは太った人を突き落とすでしょうか、それとも突き落とさないでしょうか。

この二つのシーンは、どちらも「五人を助けるために一人を犠牲にする／しない」という問題構造を有している点で「論理的には同じ」です。したがって、先ほどふれた功利主義の視点に立てば、どちらのシーンでも「五人を助けるために一人を犠牲にする」ほうを選ぶはずです。これに対して、「たとえ、五人を助けるためであっても、罪のない一人を手段として使うのは絶対に間違っている」と判断する人もいることでしょう。結果がどうであれ、無条件で絶対的な義務や権利の中に道徳性を求める「定言的」な視点に立てば、どちらのシーンでも「五人を助けるために一人を犠牲にはしない」ほうを選ぶはずです。

ところが、比較的多くの人がシーン1では「レバーを引く」（五人を助けるために一人を犠牲にする）と答えるにもかかわらず、シーン2になると「太った人を突き落とさない」（五人を助けるために一人を犠牲にはしない）と答えます。つまり、「論理的には同じ」であっても、私たちはある状況では功利主義的に判断し、別の状況では定言的に判断することがあるわけです。このように、人間の道徳的判断は必ずしも論理的に一貫しているわけではないのです。

これまで、心理学ではトロッコ問題やそれに類する課題がいろいろな条件を設定して検討されてきました。こうした研究から、道徳的判断は直観的で、感情という無意識的なものが強い力を持っていることが明らかになっています。[39] トロッコ問題での「太った人を橋から突き落とす」というシーンは、感情的にとても衝撃的で誰でも本能的に避けたいはずです。本章の冒頭で紹介した「カルネアデスの板」で、生き残った一人の船員の行動が法的に問題はないと論理的にはわかっても、この船員に対して拭いがたい違和感が残るのも感情の影響でしょう。

このように私たちの心の中では、論理的思考や理性が道徳的判断を生むのではなく、まず直観的判断があり、その後に、それを正当化する道徳的な理由づけが生み出されると近年の心理学では考えられています。[43] 社会心理学者のハイトは、この二つのプロセスを「象」（直観的で自動的なプロセス）と「乗り手」（理性にコントロールされたプロセス）という比喩で巧妙に表現しています。乗り手（論理的思考）は、役に立つ助言者ではあっても、先頭に立って引っ張り、物事を引き起こす力をもっているのはあくまで象（感情をともなった直観）のほうというわけです。[44]

道徳性の発達研究

道徳的判断を左右する直観は、何歳頃から見られるのでしょうか。実は、プラトンなど有名な哲学者が、道徳の背後に意識的な理性の働きを考えていたように、そして私たちが、道徳ということばを聞くと深い精神性と客観的な思考の上にある崇高なものを感じるように、心理学でも長い間、道徳性は理性によるもので、経験や学習の影響の大切さが主張されてきました。ここで、発達心理学における道徳性の研究を簡単に紹介してみましょう。

道徳的判断の発達研究もピアジェに始まります。ピアジェの典型的な研究方法は、二つの似たお話を子どもたちに聞かせるものです。[131] 道徳的判断では、(a)男の子がドアの後ろにコップがあるのを知らないままドアを開けてコップを十五個割ってしまったというお話と、(b)男の子が、高い戸棚の中のジャムをこっそり食べようとして、無理に取ろうとした際に、コップを一個割ってしまったというお話を比較させました。すると、7歳頃まで(a)のほうが悪いという判断が多く、その後は(b)のほうが悪いと判断し、「結果論的判断」(十五個という被害の大きさ)から「動機論的判断」(盗み食いをしようとした)へと判断基準が変わりました。このように、子どもの道徳的な考え方は年齢とともに変化するとピアジェは考えたのです。

この考えを、「ハインツのジレンマ」という葛藤状況を含むお話を使って、より客観的に調べる方法を生み出したのがコールバーグです。このお話は、「ハインツという主人公が、病気の妻を救うためにやむなく高額の薬を盗んだ」というものです。コールバーグは、ハインツの行動は許されるのかどうかを子どもに判断させ、どのような理由づけをするかを考慮することで、3水準(6段階)からなる道徳性の発達段階を考案しました。[82] はじめは、罰を避けるような「前慣習的水準」です。次に、社会的ルールを意識した「慣習的水準」となり、その後に、自らが定義した道徳的価値によって判断する「脱慣習的水準」へと発達するとされます。コールバーグの研究により、理性を働かせた道徳性の発達の様子がわかりました。このように、幼児期から児童期にかけて、言葉や論理的思考が大きく発達するとともに、子どもの道徳的判断も変化を遂げることが長い間知られていたのです。

しかし、先に記したように近年の研究では、道徳的判断において直観が最初にあることが示唆され、発達心理学でもこの傾向は同様です[33]。たとえば、トロッコ問題を3歳から5歳の幼児に実施し、大人と比較した研究があります[127]。トロッコ問題のようなショッキングな状況を子どもに提示して倫理的によいのかという疑問も感じます（おもちゃの人形を使って実施していますが、それがまた妙にリアルともいえます）が、この研究によると、すでに3歳の時点でシーン1ではレバー（この実験では「紐」）を引き、シーン2では太った人を突き落とさないという選択が多く、必ずしも論理的に一貫していない様子は大人と同様でした。このように、道徳にかかわる直観的な判断はすでに幼児期から大人と近い形で存在しています。

また、幼児は道徳の本質もわかっているようです。道徳は私たちが守るべき社会的ルールですが、社会的ルールは大きく三つの領域で構成されていると考えるのが「社会的領域理論」です[152][178]。第一は、これまでも紹介してきた道徳領域です。これは正義の概念が構成の基盤となっていて、社会や文化を超えて普遍的であるといえます。たとえば、人のものを盗むということや、正当な理由もなく配分を不平等にするといったことは、どのような社会でも許されません。第二は慣習領域です。これは社会の組織についての概念が構成の基盤となっていて、所属する集団や社会、あるいは文化によって変わりうるところに特徴があります。たとえば、私たち日本人を含め、多くの社会で男性がスカートを履くことは奇異に感じられますが、スコットランドでは男性がキルトとよばれるスカートに似た民族衣装を着用することがあります。第三は、心理領域（自己管理／個人）で、これは個人の自由や意志に関する概念が構成の基盤となっています。行動の影響が自分だけで、道徳や慣習に規定されるものではありません。たとえば、安全、健康に関係した行為で、「寒いときは手袋をする」といったルールを決めている場合があたります。

スメタナ[155]は、ある保育園の幼児を対象に、道徳違反として「人のものを盗む」というように、その保育園に関係なく普遍的に悪いことと、慣習違反として「お話の時間に絨毯の上に座らない」というように、その保育園での独自のルールと関係したお話を聞かせました。すると、道徳違反のほうが慣習違反よりも悪いと評価し、状況によって変わらないと判断したのです。つまり、3〜4歳頃にはすでに道徳と慣習を区別することがある程度できるのです。

道徳的感受性

それでは、道徳的感受性はいつ頃から備わっているのでしょうか。驚くべきことに、赤ちゃんでも、単純な物体の動きの中に、社会的意味を読み取っていることが明らかになっています。

第2章で、1歳頃の赤ちゃんが、単純な物体の動きであっても、「助ける」といった正の要素をもつものと、「邪魔する」といった負の要素をもつものを区別できることを紹介しました。[134]このような行動の社会的評価にかかわる乳児期の研究が、現在さかんに展開されています。たとえば、ハムリンら[50]は、さらに年少の生後6か月ですでにポジティブな行動とネガティブな行動を区別することを紹介しています。この実験でも幾何学図形が使われていますが、丘に登ろうとしている●を▲が押し上げるというシーン（援助）と、丘に登ろうとしている●を■が押し戻す（妨害）というシーンを見せた後、▲と■のうちどちらかを選ばせると、援助というポジティブな行動をした▲を選ぶのです。[ii]

ハムリンらは、幾何学図形だけでなく、動物の人形を使って、もっとリアルで自然な状況でも検討しています。たとえば、主人公のイヌが箱の蓋を開けようと悪戦苦闘しているときに、二匹のネコのうち、一方のネコが手助けし、イヌと一緒に箱の蓋を引っ張り開けるというシーン（援助）と、もう一方のネコが箱の蓋に乗っかり開けるのを邪魔するというシーン（妨害）を見せました（図４－１）。その後、両方のネコの人形を見せたところ、5か月の赤ちゃんでも手助けしたネコのほうを好んで選びました。[49]

ハムリンらの一連の研究によると、早ければ３か月

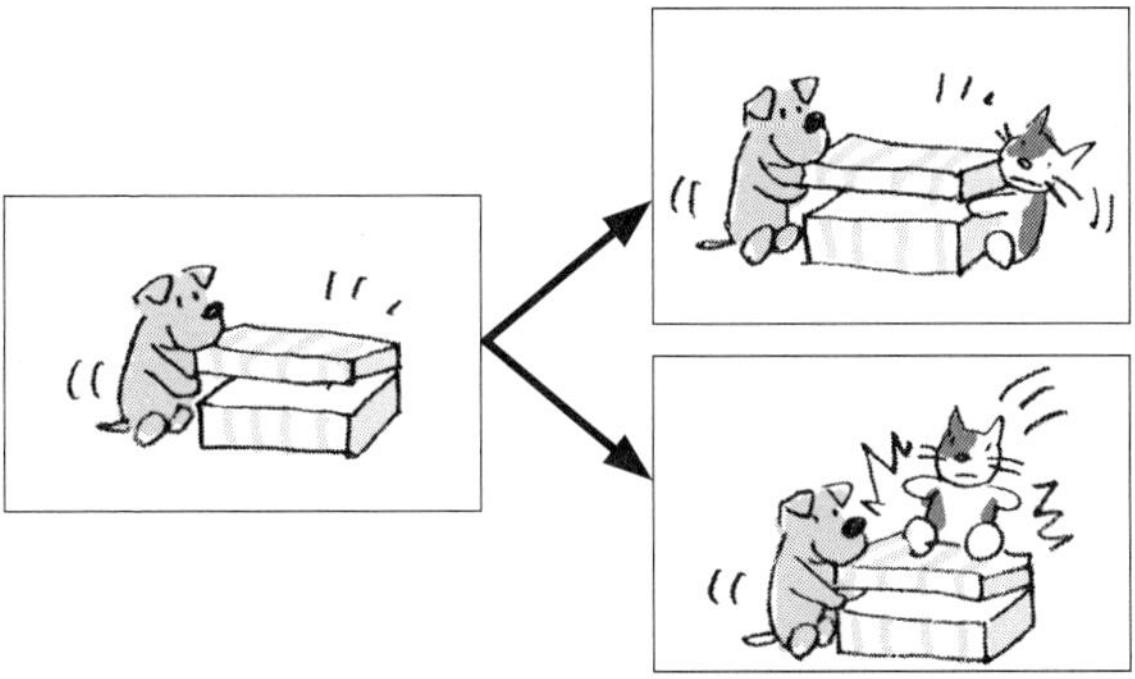

図４－１　援助と妨害（Hamlin, 2013a[46]を参考に図を作成）

頃から乳児は援助したほうを好むことが報告されています。また、援助でも妨害でもない中立なものも加えると、生後3か月では、中立なものを妨害したものより注視したのに対して、中立なものと援助したものでは差がありませんでした。このことから、悪い行為に対する認識がより早い時期に現れることも示唆しています。[51] また、あらかじめ主人公が良い行為をした場合と悪い行為をした場合をそれぞれ設定したうえで、同様の実験も行われています。[48] すると、良い行為をした主人公の場合には、乳児は主人公を援助したほうを選びました。しかし、悪い行為をした主人公の場合には、乳児は逆に主人公を妨害したほうを選んだのです。このように、文脈にあわせて社会的評価を変えることもできるようです。ハムリンは、一連の研究をまとめて、人は生後一年以内に、他者の第三者に対する向社会的／反社会的行為に対して評価ができると考えています。[47]

子ども自身が実験場面にかかわる援助行動については、トマセロらの研究で進んでいます。たとえば、実験者がある対象を落としてしまうのですが、その落とし物に手が届かず拾えないような場面で、14か月から18か月の乳児でも、すぐに拾うという行動が見られました。[184][185] また、第2章で紹介したように、12か月児でも情報を必要としている大人と必要としていない大人がいれば、前者に対して、指さしする割合がより高くなるのです。[96] このような研究から、人間は幼いときから、他者の援助行動を好むだけでなく、自分でも他者を助けたいと動機づけられていることがわかります。[78]

また近年の研究では、同情といった行動についても検討されています。たとえば、「攻撃者」

である図形が「犠牲者」である図形を追いかけ、小突き、押しつぶす様子のアニメーションを10か月の赤ちゃんに見せた研究[72]では、アニメーションを提示後に両図形を提示したところ、犠牲者である図形のほうを選ぶ傾向が見られました。しかし、両図形に接触がない場合には、選択的な反応は見られなかったことから、赤ちゃんが苦境にある他者に対して原初的な同情的態度をとる可能性を示唆しています。

先ほど紹介した社会的領域理論で、道徳領域の違反の例として「配分の不平等」をあげましたが、公平感についての認識も研究が進められています。ベイラージョンとプレマックらの研究では、まず実験1で19か月児を対象に、実験者が二つの人形それぞれに一つずつクッキーを与える「平等条件」と、実験者が一方の人形だけに二つクッキーを与えて、もう一方の人形には一つも与えない「不平等条件」が設定されました。[154]すると、19か月児は不平等条件のほうをより長く注視しました。さらに21か月児を対象とした実験2では、左右にいる二人の人間の前で、実験者が「散らかったおもちゃを片づけたらステッカー（報酬）をあげる」と言いました。「一人が作業する条件」では、二人のうち一方だけが散らかったおもちゃを片づけたのに対して、「両者が作業する条件」では、二人とも散らかったおもちゃを片づけました。その後、どちらの条件でも実験者が二人に同じだけのステッカーを与えました。すると、21か月児は一人が作業する条件のほうをより長く注視しました。この実験は期待違反法による実験ですので、不平等条件や一人が作業する条件のほうを不自然に感じたということになります。このことから、生後一歳半を過ぎた頃にはすでに、ものは平等に配分されるものであることを期待しているだけでなく、二人が何かの作業をしたときには平等に配分されるけれども、一人だけが作業をしたときはそうではない、と考えていることがわかりました。つまり、幼い時から公平感は文脈と結びついて認識されているのです。

このように、赤ちゃんや幼児期初期という幼い年齢を対象にした近年の研究から、援助や同情、公平感など道徳性の発達の基盤ともいえる認識や行動が、すでに早い時期から備わっていることが明らかになりつつあるといえそうです。[55]道徳性は本能であり、ことばと同様に生得的な基盤があるといえるのか、それとも生まれてからのわずかの時期であっても、日々の社会的な相互作用によって道徳性の基盤が獲得されるのか、[179]どちらの考え方もありうると思われます。いずれにしても人間はかなり幼い頃からすでに道徳性の萌芽がみられ、直観的に判断することは確かであり、次の第5章でも紹介するように、「他者を助けたい」「他者に教えたい」と強く動機づけられているのです。

道徳教育には何が必要か

ここまでのことを、私が授業で紹介したところ、ある学生から次のような質問をいただきました（毎回の授業で配布している感想用紙に書いてくれたことです）。

実習で道徳の授業をしましたが、道徳を教えるのは難しかったです。人間の道徳的判断は必ずしも論理的でも理性的でもない……じゃあ道徳は授業として、どうすればよいのだろう？と思いました。

この学生は、小学校での教育実習を終えて大学での授業に戻ってきたところだったのですが、実習先で道徳の研究授業を行い、自分で教材や指導案をいろいろ考えていたのです。

教育現場の道徳の授業では、子どもたちにお話を聞かせて、登場人物の気持ちを深く考えさせたり、議論させたりするので、かなり理性的な判断が求められます（たとえば、先の「ハインツのジレンマ」は、道徳教育の教材としてしばしば使われ、病気の妻を救うために、やむなく薬を盗んだハインツの行動は許されるのかどうかを議論させます）。ところが、ちょうど実習から戻ってきた直後の私の授業で、トロッコ問題や赤ちゃんの道徳的感受性の研究に触れ、人間の道徳的判断が必ずしも論理的ではないと知り、驚いたようです。徹夜になるほど授業の準備をして、子どもたちに理性的な議論させたことは何だったのかと感じたのかもしれません。

私はその翌週の授業で次のように答えました。

人間は直観だけでなく、その後、理性的に考えることができる、すなわち、時間があれば行動をコントロールできるところに大きな特長がありますよね。したがって、人間の道徳的な判断が、仮に瞬間的には直観だとしても、その直観だけに左右されず、理性的に考えることの大切さを指導するというところに、道徳教育のポイントをもっていけるのではないでしょうか。

人間の瞬時の直観的判断は重要です。たとえば、捕食者に出会った際に、その都度時間をかけて逃げるべきか否かを論理的に判断していれば、人間は捕食されて大昔に絶滅していたことでしょう。進化的な観点を考慮すれば（第5章参照）、このように直観的判断は重要ですので、道徳的判断にも進化的な適応により、さまざまな直観的な認識が備わっているのでしょう。[85] その結果、トロッコ問題のように特殊な状況になると、論理的に一貫しない判断をしてしまう傾向が現れると考えられます。しかし、現代の人間の社会や生活はこうした進化が生じたときとは大きく異なります。現代の私たちが生きていくには、裁判を見てもわかるように、時間をかけて理性的な判断をすることが求められますし、子どもたちにもそのような判断ができるようになることが求められます。

それでは道徳的判断において、具体的にどのようなことが理性的に考えていく上で鍵になるのでしょうか。その一つとして、心の理論の発達をふまえることが大切です。

２．心の理論と道徳的判断

心の状態と道徳的判断

先に記したように、ピアジェの古典的研究によれば、子どもは７歳頃まで結果に注意が向きやすく、その後、動機や意図といった内面の心の状態をもとにした判断に変わることが知られています。しかし、心の理論研究（第１、２章参照）が進むにつれて、ことばを使ったやりとりでもピアジェが報告した年齢よりももっと年少の３～５歳頃から意図や動機といった心の状態に注目して、道徳的判断をすることが明らかになりました。[31][122][181][196] 結果（被害の大きさ）が同じであれば、わざとやった場合のほうが、わざとでない場合よりも悪いと、年少の頃から敏感に反応するのです。

しかし、心の状態は意図や動機にかぎりません。たとえば、悪事が発覚した際のよくある言い訳は「知らなかったんだ」ではないでしょうか。これは結果の予見可能性をふまえての発言で、「知っていたら結果を予見できたので悪いが、知らなかったから結果を予見できず仕方がない」という構図があります。犯罪の報道で「容疑者は、盗品と知りながら、物品を買い取った」といったニュースも毎日のように目にします。このように、私たちは「知識状態」（知っている／知らない）に基づいても道徳的判断をしていますし、法律違反の理由にもなるのです。

私は、この知識状態をもとにした道徳的判断の発達について、幼児と児童、および大人を対象に実験を行ったことがあります。[57][59] 手続きは、ピアジェの研究のように、二つの似たお話を比較させる方法をとりました。たとえば、一次の心の理論のレベルでは、二つのお話は男の子の行為（例　落書きをする）によって、女の子を悲しませる結果（例　女の子は画用紙を汚された）を生み出すという点で同じですが、結果の予見性にかかわる知識状態のみ、次のように違いを設けました。

お話① 男の子は、画用紙が女の子のものであることを知らない
　だから、落書きをした
お話② 男の子は、画用紙が女の子のものであることを知っている
　しかし、落書きをした

この場合、多くのみなさんは、お話②の「知っている」男の子のほうが悪いと感じるでしょう。また、7～11歳の児童には、二次の心の理論（第2章参照）との関連を調べるため、入れ子になった心の状態での違いの課題も合わせて実施しました。具体的には、二つのお話は男の子の行為（例　何も言わない）によって、女の子を悲しませる結果（例　傘を持たずに出かけた女の子が雨に濡れる）を生み出すという点で同じですが、結果の予見性にかかわる知識状態のみ、次の

ように違いを設けました。[iii]

お話①　男の子は「女の子が、雨が降るのを知っている」と（誤って）思っている
　　　　だから、何も言わなかった

お話②　男の子は「女の子が、雨が降るのを知らない」と思っている
　　　　しかし、何も言わなかった

この場合、多くのみなさんは、お話②の「『知らない』と思っている」男の子のほうが悪いと感じることでしょう。

各課題でお話①とお話②を提示した後、男の子の心の状態を問う質問（「知っている」男の子はどちらか？／「『女の子が知っている』と思っている」男の子はどちらか？）と道徳的判断質問（どちらがより悪いか？）を行いました。その結果、心の状態質問の正答率ですが、一次レベルの課題では、4～5歳前半ですでに80％程度もあり、主人公の知識状態を理解できていました。これは心の理論を4～5歳頃から獲得し始めるという一般的知見にも合致します。二次レベルの課題では、7～9歳頃にかけて正答率が上昇しました。これも、二次の心の理論が児童期の中頃までに発達するという一般的知見に合致します。

これに対して道徳的判断質問の正答率では、一次レベルの課題でも6歳頃までは低く、大人と

同程度になったのは児童期の9歳頃からでした。[iv] これは、4~5歳頃から「意図」に基づく道徳的判断が可能であるという先行研究とはかなり異なります。誤答者の多くは「どちらも同じくらい悪いことをした」と答えていましたので、ピアジェが報告した結果論的判断に似た知見が得られたのです。また、二次レベルの課題では、7~9歳頃にかけて道徳的判断質問の正答率が急上昇しました。しかし、心の状態質問の正答率よりは低いもので、二次の心の理論がかかわる際にも、心の状態そのものを理解する時期とそれに基づいて大人のように道徳的に判断する時期には少しズレがあることがわかりました。

図4-2　知識状態をふまえた道徳的判断課題（二次の例）
(Hayashi, 2007, 2010[57][59])

生得的かつ学習によるもの

ここまで述べたことをまとめましょう。まず、道徳性の発達として、すでに赤ちゃんの頃からそのめばえがさまざまな形で見られます。また、とくに児童期以降に、大人がもっている心の理論をふまえた道徳的な判断がしだいに身についていく様子が示唆されました。

心の理論と道徳的判断の研究は、かつて独立して研究が進んできた面がありますが[5]、近年、急速に両者の関係を検討した研究が進んでいます[79][92]。そこでは、心の理論の発達が道徳的判断の基礎となる[87]、逆に道徳的判断が心の理論に影響する、心の理論と道徳判断は相互に関係する[76][156]など、研究者によってとらえ方は変わりますが、密接な関連があるのは間違いありません。

さらに、第２章でも述べたように、心の理論の発達の背後には実行機能の働きも欠かせません。ことばが発達し、しだいに論理的な思考が身につく幼児期から児童期は、さまざまな目標に向けて注意や行動をコントロールできるようになる時期ですから、直観的な判断の後の道徳的な理由づけがいかにうまく、そして妥当なものになっていくかには、実行機能をうまく働かせられるかどうかも鍵を握ることでしょう[80]。たとえば子どもの日常的な場面を考えれば、悪事を働いたのが自分にとって嫌いな人物だったとしても、自分は嫌いという感情を抑制できなければ、不当にその人物を厳しく社会的に評価したり、罰したりすることにもなりかねません。客観的な判断には理性が求められますが、ここに実行機能の発達がかかわるのです。また、公平性を調べた多くの研究から、子ども自身が第三者の視点で配分を判断する場合に比べて、子ども自身が当事者となって配分を決める場合、幼児では利己的な傾向が見られることが知られています[154]。これも実行機能の観点から説明でき、自分自身が関与することで、抑制が働きにくくなるのかもしれません。

道徳的判断ではまず直観的判断があり、それを正当化する道徳的な理由づけが後から生み出されることを強調するハイトは、「道徳は（進化した一連の本能として）生得的なものであるとともに、学習されたものでもある（子どもは、特定の文化のなかで生得的な本能を適用する方法を学習していく）」[44]と述べています。これは、ことばの発達と類似しているともいえそうです[55]。言語能力は生得的なものと考えられていますが、何もない状態でことばが話せるようになるわけではありません。子どもは、まわりの大人が話していることばを繰り返し耳にすることで、話せるようになっていきます。さらに、耳にすることばによって、さまざまな言語に対応していきます。道徳性も似た面がありそうです。人間は道徳的な感受性、あるいはそのような処理をするメカニズムを生得的にもって生まれてきますが、何もない状態では、そのメカニズムは適切に発達しないかもしれません。生後に受ける教育や文化の影響によって、その道徳的感受性が開花します。そして、受ける教育や環境の違いによって、文化による規範意識の違いに対応していくとともに、理性的な道徳的判断ができるようになっていくと考えられます。

ハイトがいうように、道徳は学習されるものであるとすると、教育の面はますます大事になるでしょう。とくに幼児期から児童期のはじめ頃は発達の個人差も大きいので、標準的な誤信念課題に正答できる年齢であっても、実際の対人場面でほかの子どもがどう感じるかをあまり意識できない子どもがいても不思議ではありません。そこで、Ａさんに悪いことをしてしまったＢさんがいた場合、Ｂさんに対して「Ａちゃんはどんな気持ちかな？」といった「他者の気持ちに気づかせる」（意識させる）という指導を「繰り返し行う」という地道なことが重要とわかってくるのです。こうした過程こそが、理性的な道徳的判断を育成するうえで鍵の一つになります。行動の前に「もし、自分が……したら、Ｂちゃんは悲しむはずだ」といった思考ができると、直観に左右される行動を制御できるようになるからです。

さらに、知識状態による道徳的判断の発達は、意図による道徳的判断の発達より遅れることから、他者の心の状態がわかるようになる、つまり心の理論の基礎が発達したからといって、道徳的判断がすべての面で大人に近づくというわけではないことがわかります。幼児は悪いことをした人の「知識状態（悪いことにつながる情報を知っている／知らない）」を理解しているにもかかわらず、それを道徳的判断の手がかりとして使うわけではないようです。知識状態は結果の予見可能性につながる大きなポイントにもかかわらず、７歳頃までの子どもは、道徳的判断においてこの予見可能性には注意が向きにくいのです。

これらの知見からいえることとして、幼児期（から児童期のはじめ頃）の子どもは、大人とは少し違った道徳的判断の基準があるようです。このことをふまえると、大人が子どもに注意する場面で、大人一般の基準を暗黙の前提にするのは不適切な場合もあるということになります。たとえば、意図と知識状態では違いがあることから、幼児に対して「わざとやったのね」と注意すれば伝わりやすいですが、「誰のか知っていてやったのね」と注意しても、なぜ悪いのかということがすぐには理解しにくいという可能性も考えられるのです。これは、幼児教育の実践の場での指導にあらたなヒントとなりそうです。

第3章と第4章のまとめ

第3章と第4章では、うそ（欺き）と道徳的判断という、裏表ともいえる二つのことについて発達の様子を紹介しました。とくに児童期は、乳児期から幼児期に基礎ができていく心の理論が、社会的な場面で状況に応じて柔軟に機能するようになっていく重要な時期です。大人の社会性に近づくうえで橋渡しとなる大切な時期といえ、次の二つがポイントになると思われます。

第一は、二次の心の理論の発達と、それに関連する社会性の発達です。たとえば、第3章で紹介したように、ホワイトライ（悪意のないうそ）を理解したり、うそと冗談を区別できたりするようになります。これらは、まわりの状況を的確に読み取って対応できていくことにもなるので、場に応じてコミュニケーションをする人間らしい能力の発達にもつながるともいえるでしょう。いまどきの表現をすれば、「空気を読む」という力にかかわります。

第二は、一次のレベルの心の理論に関連する社会性の発達も熟成されていく面があるという点です。この点は、一次の心の理論自体が4～5歳頃の幼児期に、誤信念理解という点でほぼ成立するため、見落とされやすいのですが、教育的に重要な点です。

次に引用するものは、かつて私のゼミ生の一人が、教育実習で小学一年生を指導した際に実習日誌に書いた文章です。

授業間の休みに子どもと一緒に外で遊ぶと、教室の中とはまた違った子ども同士のかかわりを見ることができました。子どもたちは全員一生懸命に遊んでいるため、トラブルも多発します。A児は「B君にこかされた。B君はルールを守っていない、反則をしている」と泣きながら訴え、他方、B児は、泣いているA児に対して怒っているという状況でした。

私はまず、A児に泣きやむように言い、落ち着いて話をできるほうから話してみるように言いました。状況を確認した後、A児が「ルールを守っていないのに、こかされて悔しかった」と自分の気持ちを言ったので、B児にも気持ちを話すように言うと、怒っていたB児が泣きそうになりながら気持ちを話してくれました。二人の気持ちを確認してから、「じゃあ、どうしようか」と言ってみると、二人から同時に「ごめんなさい」という言葉が出てきたので、素直に自分の気持ちを話せたことと謝ることができたことをほめました。次の学習に入るように言うと、二人とも次の休み時間には一緒に遊んでいてすっきりした顔をしていました。

「謝りましょう」と言うのではなく、自分たちでどうしたらよいかを考えて、自ら謝ることができるような声かけが必要だと感じました。子どもたちのトラブルは、お互い勘違いしていたということが原因であることが多く、「相手がこのように思っている、感じている」ということを知ると、「誤解だった」ことに気づけて、素直に話すことができるのではないかなと思いました。

この記述には、実習生らしい新鮮な眼差しで小学一年生の子どもたちをとらえ、指導のポイントをうまく見つけている様子がよく現れているように感じられます。このエピソードでは、A児もB児も一次レベルの心の理論を働かせることで対応可能な場面と思われますが、実習生がかかわるまで、うまく対応できていないことが見受けられます。これは、「一次のレベルの心の理論に関連する社会性の発達も、児童期に熟成されていく面がある」ということにつながると思われます。つまり、幼児期に心の理論の基礎ができあがるからといって、必ずしも社会性が十分に身につくわけではないこと、そして社会性が働くようになるには、大人による教育（指導）が大切であることがわかります。

このように、児童期は一次と二次の双方の心の理論のレベルにおいて、社会性が増していく時期です。第2章でも記したように、視線に着目した研究からは、乳児期の子どもでも誤信念に類似する課題を通過することが報告されています。これと同様に、潜在的なレベルでは、二次の心の理論も児童期ではなくもっと早期から発達しているのかもしれません。また今後の工夫された手続きによる研究で、そのような報告も生まれるかもしれません。しかし、仮にそのような知見が得られたとしても、顕在的なレベルで、つまり自分の心の状態に気づき（これは第6章で詳述するメタ認知にかかわることです）、実行機能を使って自分の行動をコントロールしながら、二次の心の理論を働かせることができるようになるのは児童期であるのは間違いないでしょう。

児童期は、幼児期と比べて飛躍的に人間関係が広まり、深いものになるため、相手の気持ちを察したり、その気持ちに沿った感情を表出したりする社会性を身につけていくことが必須となります。ちょっとした気遣いや、言葉の裏の意味の理解など、大人になっていくうえで欠かせません。このような微妙なニュアンスを含む人間らしい奥の深いコミュニケーションのしくみは、どのようになっていて、どのように発達するのでしょうか。次の第5章では、この点を考えていくことにしましょう。

註

i「カルネアデスの板」に類する事件は、現実に一八八四年に起こっています。ミニョネット号事件とよばれるものです。四人の乗っていたミニョネット号という船が難破し、救命ボートで脱出しました。食料が尽きたため、衰弱した給仕の少年が殺害され、ほかの三人の船員はその肉を食べて生き残りました。最終的に三人は救出されましたが、このときは殺人罪でイギリスの裁判にかけられたのです。この事件も、サンデル教授の『ハーバード白熱教室 in JAPAN』で扱われています。最終的には、無罪ではないかという意見が多数であったため、ヴィクトリア女王から特赦され禁固6か月に減刑されました。

ii　この実験結果の解釈には注意も必要です。実は、▲が●を押し上げた後だけ、●がジャンプを繰り返すシーンがあります。したがって、このことを赤ちゃんはポジティブにとらえただけであり、必ずしも社会的評価をしているわけではないという研究も報告されています[141]。

iii　ここでの「何も言わない」（何もしない）は、「不作為」とよばれる言動のないタイプの行為です。不作為については、第6章でも紹介します。拙論「人の行為の良い悪いのとらえ方[60]」もご参照ください。

iv　道徳的判断に正答を設けるのは奇異ですが、ここでは本文でふれた「大人の一般的な回答」を基準にしました。

第5章 コミュニケーションの発達

第1章の冒頭で、ミツバチやベルベットモンキーを例に、人間以外の動物も一見すると個体間で複雑な情報のやりとりをしていることを紹介しました。しかし同時に、これらは生得的に組み込まれており、定型的で柔軟性に乏しい点で、人間のコミュニケーションと異なることも述べました。[i] 第3章と第4章では、うそと道徳的判断の発達をとりあげ、両者の発達の基礎は幼児期までにあるものの、心の理論や実行機能の発達とともに、児童期に「場を読むこと」が可能になり、人間らしいコミュニケーションを支える認知判断が可能になる様子を紹介しました。本章では、さらに複雑で柔軟なコミュニケーションを生み出すしくみについて考えていきましょう。

1. コミュニケーションの原理

人間のコミュニケーション

ミツバチやベルベットモンキーの例から、動物は情報（蜜の所在、敵の種類など）の符号化（ダンスのしかた、鳴き方の違いなど）とその解読によって、コミュニケーションを行なっているということがわかります。実は、人間のコミュニケーションでも、符号化と解読の枠組みで研究されてきた歴史があります。それは「コードモデル」とよばれます。コードとはメッセージを記号と対にして、（生物・機械を問わず）二つの情報処理装置の意志伝達を可能にする体系を指します。つまり、人間のコミュニケーションでも、送り手がメッセージを記号に変換して送信し、受け手は記号を受信して、解読するという手順をとるものと考えられてきたわけです。

しかし、こうしたコードモデルにはいくつもの問題があります。たとえば、送り手がもつメッセージを記号に変換するときに必要なコード表と、受け手が受信した記号を解読するときに必要なコード表が、事前に共有されている必要がありますが、さまざまな文脈に対応できるようなコード表が存在しているとはかぎりません。また、同じ記号の意味が文脈によって大きく変化することも説明が困難です。たとえば、「今日の昼飯、どうする？」と聞いたときに、「昨日、パスタだったんだ」という返事が返ってきたら、どうでしょう。昨日と一緒は嫌だという意味にも取れますし、逆に昨日のパスタがおいしかったので今日も同じお店に行きたいということかもしれません。文脈によって解釈が変わるはずです。もし、毎日に変化のない職場での会話であれば前者の可能性が高くなりますし、旅行中でなかなかよいお店が見つからないとすれば、後者の可能性が高まるかもしれません。

関連性

こうした問題を解決する一つの切り口が、言語学者のグライス[40]の理論によって始まった「関連性」であり、それを発展させた認知科学者のスペルベルと言語学者のウィルソン[163]の提唱する「関連性理論（relevance theory）」です。この理論ではコミュニケーションを符号化と解読でとらえるのではなく、推論によるモデルで考えます。

ここで、関連性という概念について、あらかじめ紹介します。グライスは、コミュニケーションが目的をもった合理的な行動であり、私たちがお互いにその目的に対して協力的に関与することを主張しました[103]。そして、私たちがコミュニケーションにおいて無意識のうちに前提としていることをまとめ、「協調の原理」という理論を提唱しました[40]。この原理は、「量のルール」「質のルール」「伝え方のルール」「関連性のルール」の四つから成り立っています[67]。量のルールは、「適切な量の情報を提供しなさい」というもので、伝えられる情報は多すぎても少なすぎてもいけないということです。質のルールは、「うそや間違っていると思うことを言わない」というものです。「伝え方のルール」は、「曖昧さを避けて、順序良く、効率的に話しなさい」というものです。そして、関連性のルールは、「話題に関係のあることを話しなさい」というものです。ここでは関連性のルールに焦点をあててみます。

たとえば、次の会話はどうでしょう[67]。

Aさん「今日のゼミのプレゼンの準備はできた?」
B君「今日はいい天気だね」

この会話がかみ合っていると感じる人はいないと思いますが、それは「ゼミのプレゼンの準備」と「天気」の間に通常は何の関連もないからです。つまり、関連性のルールを違反しているので、私たちは違和感を抱くのです。このように、話題(文脈)からズレたやりとりが続くと会話が成り立たなくなるため、私たちは常に文脈を考慮しながら、協力的に話を進めているのです。また、B君がふだん頓珍漢な返答をしない人とわかっていれば、「B君はこの話題に触れてほしくない(たとえば、B君はプレゼンの準備が不十分だと自覚している場合)ので、はぐらかしているのかな」とAさんは推測するかもしれません。ここまであからさまなズレは珍しいとしても、会話における微妙なズレから、私たちは相手のうそ(欺き)や何か隠し事をしている様子に気づけることもあります。つまり、会話における関連性は、重要で強力な手がかりにもなるのです。

認知環境と顕在性

このように、グライスは「関連性」をルールととらえました。スペルベルとウィルソンは、それを展開して、そもそも「人間の認知システムは関連性の高い情報を選択的に処理するように形成されている」と考え、関連性理論を考案しました。そして、コミュニケーションの原理をとらえるために、「顕在性」や「認知環境」といった概念を生み出し、認知科学的な観点で説明をしています。

これらの概念は少し抽象的ですので、スペルベルらがあげている具体例をもとに説明してみましょう。人間の認知は、ある種の知覚可能な事物や事象に対して敏感です。たとえば、ドアのインターホンが鳴ったり、爆発音が聞こえたりすれば、誰でも注意が向くはずです。つまり、インターホンの音や爆発音が、心の中ではっきりと認識される（顕在化する）わけです。しかし、生活音や時計が刻む音などは、特別に注意でも向けないかぎり、ふだんはとくに意識されません（あまり顕在化しません）。このように顕在性とは、環境に存在しているさまざまな刺激に対する「呼び出し可能性」の高さを表す指標のようなものをさします。[73]

具体的には、部屋の中にいるCさんが、ドアのインターホンが鳴ったのを聞いたとしましょう。ここで、インターホンが鳴った直後の環境では、「誰かが玄関にいる」ということは、誰でも常識的に想定できることから顕在性が強いといえます。しかし、たとえば「玄関にいる人がインターホンに届くほど背が高い」ということは、それほど顕在的でないということになります。最も顕在的な想定は「ドアのインターホンが鳴った」ことそのものであり、その証拠は知覚によって決定的です。[163]「認知環境」とは、このように知覚や想定が可能であるか、あるいは記憶などから推論が可能であり、顕在性の値が与えられる事実の集合体のことになります。

同じ事実と想定が二人の人間の認知環境において顕在的な場合があります。先ほどの例で考えてみましょう。「ドアのインターホンが鳴った」ことはCさんにとって最も顕在的ですが、そのとき、D君も同じ部屋にいて、インターホンが鳴るのを聞いていたとしたら、二人の認知環境は交わり、「ドアのインターホンが鳴った」ことは、「相互に顕在的な状態」です。これに対して、たまたまD君がトイレに行っていて、インターホンが鳴るのを聞いていなかったとしたら、二人の認知環境は交わらず、「ドアのインターホンが鳴った」ことは、(Cさんにとって顕在的なだけで)「相互に顕在的ではない」ことになります。

情報意図と伝達意図

認知環境や顕在性という概念によって、人間の情報伝達を分析してみましょう。たとえば、EさんとF君があるレストランに入ろうとして、突然Eさんが、F君の注意が向くような行為をしながら(たとえば、アイコンタクトをしたり、F君の腕をたたいたりした後に)、横の駐車場に止めてある車を指さしたとしましょう(これは、第2章で学習した「共同注意」とよぶものにあたります)。そのとき、Eさんは「F君にその車に注意してほしい」という意図を明らかにもっています。しかし、実はそれだけではありません。Eさんは「『F君にその車に注意をしてほしい』と自分(Eさん)が意図していることにも注意してほしい」という一段階上の意図ももっているのです。

私たちが誰かに情報を伝えたい場合、この一段階上の意図はふだん意識されませんが重要です。

この意図があるからこそ、情報の送り手（ここでは、Eさん）は「わざわざ」受け手の注意をひくような行為（ここでは、アイコンタクトをしたり、F君の腕をたたいたりした後に指さす）をするのです。そして、そのような行為を見ると、受け手（F君）は、なぜ相手（Eさん）が「わざわざ」そのようなことをしているのかを知りたくなります。これがとても重要です。その車に対して、「Eさんは自分に何を気づいてほしいのか」といったことを探ろうとするはずだからです。ここには、心の理論が用いられ、推論されます。その結果、もしその車が「私たちが苦手なGさんの車だ」と気づけば、「Eさんはレストランに入るのをやめましょうと思っているのだな」と判断できますし、その車が「私たちが待ち合わせているHさんの車だ」と気づけば、「Eさんは早くレストランに入りましょうと思っているのだな」と判断できます。言いかえれば、この「一段階上の意図がある」ことによって、F君は関連性に基づいた推論をする気になります。その結果、相手の思いに気づくことができ、文脈によって正反対のことであっても、正確に情報が伝わることになるのです。

ここで、Eさんがもつ「F君にその車に注意してほしい」という意図は、

送り手（Eさん）が受け手（Fさん）に何かを知らせたい

ことをさし、「情報意図」とよばれます。少し難しいですが、スペルベルらによる正確な定義の表現を借りれば、これは、送り手がある情報（この例では、車の存在）を「受け手に顕在的にする」ことを意味します。

　これに対して、Eさんがもつ「『F君にその車に注意をしてほしい』と自分（Eさん）が意図していることにも注意してほしい」という一段階上の意図は、

　　送り手が受け手に「送り手が受け手に何かを知らせたい」ということを知らせたい

ことをさし、「伝達意図」とよばれます。スペルベルらによる正確な定義の表現を借りれば、これは、送り手が自分の情報意図を「送り手（自分）と受け手の相互に顕在的にする」ことを意

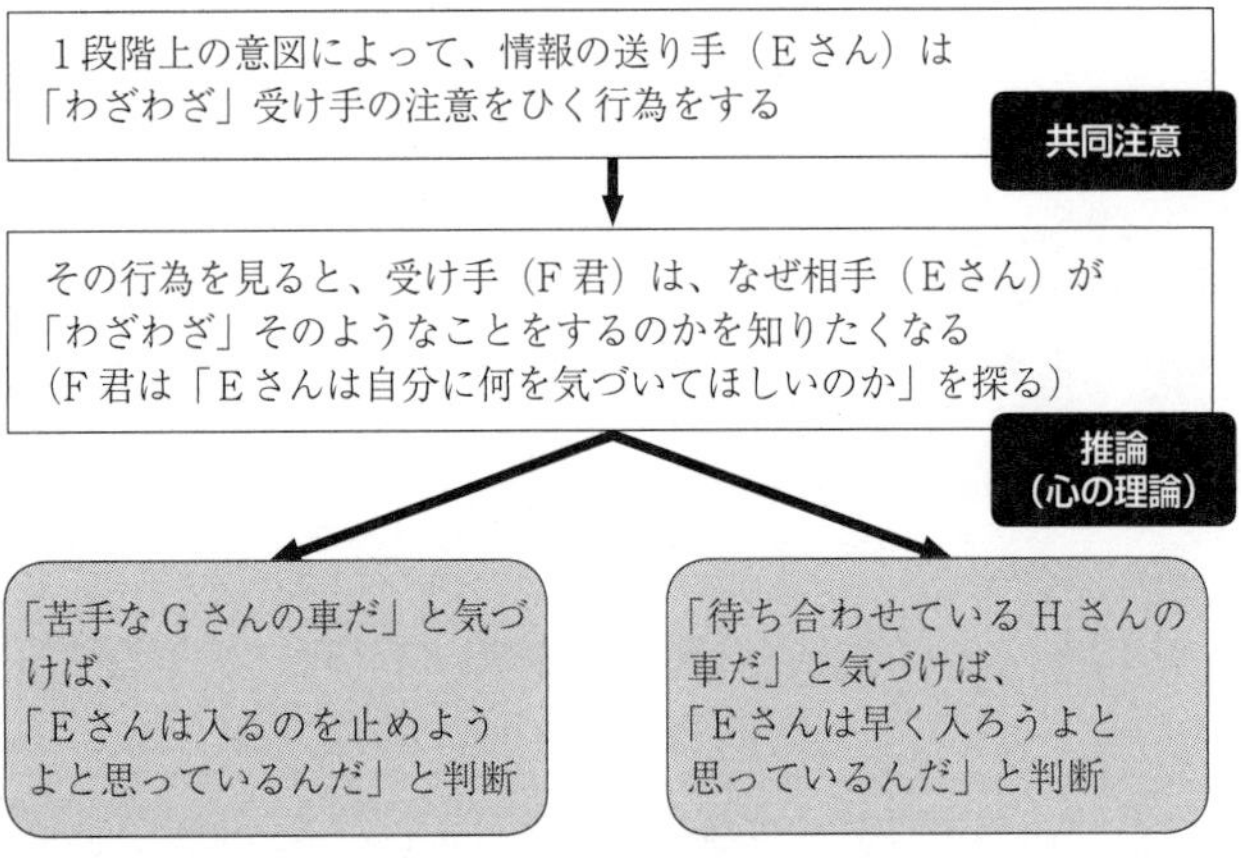

図5-1　人間の情報伝達のしくみ

味します。

伝達意図の大切さ

伝達意図は、コミュニケーションを考える上で決定的に重要です。伝達意図が不明確な例を考えてみましょう。たとえば、I君とJさんが夫婦で、I君が自分の着ていたシャツをJさんに洗濯してほしいと考えているのですが、それをJさんに表立って頼みたくないとしましょう。[ii] そこで、シャツを脱いで、さりげなくリビングのテーブル上に置いておきました。このとき、I君はJさんが気を利かせて「自発的に」洗濯してくれることを期待していますが、自分がこんなことを考えていることにはJさんに気づいてほしくないという虫のいいことを考えているわけです。

この場合、I君は伝達意図を明確にしていません。情報意図（「シャツをJさんに洗濯してほしい」）はもっていますが、それをJさんには隠しています（「相互に顕在的にする」のを避けています）。その結果、Jさんが鈍感な場合は洗濯されませんし、JさんがI君の企みに気づきながら知らないふりをして洗濯しなくても、直接頼まれていないので、問題視されることはありません。これに対して、もしI君がJさんに「このシャツを洗ってもらえるかな？」と言った場合は、情報意図を「相互に顕在的な状態」にしてしまうことになります（これが伝達意図を明確にしたことになります）。この場合、Jさんは洗濯を引き受けるか（I君への貸しを作れますが）、拒否するかのどちらかをI君に明らかにしなければなりません。そうでないと、I君を無視したことになってしまうからです。

つまり、I君は伝達意図を明示しないことで、言いかえれば、情報意図を「相互に顕在的な状態にしない」ことで、借りができることも、拒否にあって心理的なダメージを受けることも回避できるのです。これは、Jさんにとっても好都合なのかもしれません。もし、I君に直接頼まれたものの、I君の意図に沿うのが嫌であれば、実行するにしても拒否するにしてもストレスですし、拒否する場合は（対人関係を保つために）合理的な理由を考えるのもたいへんですね。

このような巧妙なやりとりは大人では日常的に見られるものですが、コミュニケーションとしては微妙に感じるのではないでしょうか。実際、スペルベルらはこのような場合をコミュニケーションとはよんでいません。情報意図と伝達意図を明らかにして行なわれるやりとりをコミュニケーションとみなし、それを「意図明示推論的伝達」とよんでいます。これは難しい言葉ですが、本当の意味でのコミュニケーションとは、送り手は意図をあからさまにし、聞き手は推論することであることを示すわけです。

このようにコミュニケーションをとらえると、日常のさまざまなやりとりに別の見方ができるようになるのではないでしょうか。不明確な伝達意図に敏感に反応できるかどうかの個人差はさまざまです。送り手の手がかりが強くても、受け手が鈍感であれば気づきません。逆に、送り手の手がかりが弱くても、受け手が敏感で、実際に行動すれば「気が利く」行為になりますし、「無視」すれば抜け目がないと思われるかもしれません。あるいは、さらに一枚上手で、抜け目がないと思われることを予期して、実際に無視することこそが抜け目がないのかもしれません。

発話解釈の三つの段階

情報意図と伝達意図をさらに掘り下げ、心の理論との関連で、人間のコミュニケーションの奥の深さを考えてみましょう。ここからは、スペルベルが紹介した[161]例を改変した状況です（以下では、会話状況ですので、情報の送り手を「話し手」、受け手を「聞き手」と記すことにします）。

あるパーティーにKさんとL君の夫婦が参加しています。ここで、KさんがL君に向かって「遅いわ（It's late.）」と発話したシーンを考えてみましょう。このことばの文字通りの意味は誰でも理解できます。しかし、話し手（Kさん）は実はこのことばによって「もう家に帰る時間よ」と聞き手（L君）に伝えたい可能性もあります。ことばの意味から話し手の意図へと理解が進むには聞き手の推論が必要です。それでは、どのように話し手の意図に誤解なくたどりつくのでしょうか。スペルベル[161]は、以下の三つの解釈方法を紹介しています。

第一のレベルは「素朴な楽観主義」とよばれ、「Kさんは誠実で有能だ」とL君が思っている状況です。この場合、L君の解釈の探求は、労力が少なくてすむ道をたどり、L君自身が注目に値するだけの「関連性をもつ解釈が見つかったところ」で終わります。たとえば、KさんとL君には翌朝、大事な用事があるとすれば、すぐに思い浮かぶのはこのことです。誠実で有能な話し手は、自分が伝えたい情報が聞き手にとって関連性をもつように考えたうえで、自分が意図する解釈に聞き手が簡単にたどり着くような伝達方法をとろうとするはずですから、この場合、もう帰る時間だと伝えたいのだとL君は誤解なく解釈をすることができます。

第二のレベルは「注意深い楽観主義」とよばれます。コミュニケーションの場面で、話し手はいつも有能なわけではありません。たとえば、その日に親戚から届くはずの連絡がまだないので、L君はそのことを心配しているとしましょう。この場合、Kさんの「遅いわ」という発話から、L君が最初に思いあたる関連性のある解釈は、「連絡が遅い」ということになり、誤解が生じます。ところが、多くの場合このような誤解を避けられます。それは、聞き手が第二のレベルの解釈を行えるからです。この場合、聞き手は「関連性をもつ解釈が見つかったところ」ではなくて、「聞き手にとって関連性をもつと話し手が考えたであろう解釈が見つかったところ」で検索が終わります。たとえば、L君は「Kさんは親戚からの連絡が遅いことを忘れている」ということに気づくと、「連絡が遅いわ」という解釈は不適切なので、別の解釈に進みます。L君は「僕にとって関連性をもつと、Kさんが考えたことは何か？」と推論を進めることで、翌朝の二人にとっての大事な用事のことを思い出し、「もう家に帰る時間よ」とKさんが意図している解釈にたどりつくわけです。そして、ここには少なくとも一次レベルの心の理論が必要なことがわかります。

第三のレベルは「洗練された理解」とよばれます。右の第二のレベルで、話し手はいつも有能なわけではないことを考えました。さらに現実のコミュニケーションの場面では、話し手が常に

「誠実である」という保証もありません。たとえば、KさんとL君は、ふだんのパーティーではベビーシッターに夜9時まで赤ちゃんを見てもらっているとしましょう。しかし、この晩のパーティーに行く前に、Kさんは「今日は楽しそうだから遅くなると思うので、11時まで見てちょうだい」とベビーシッターにお願いしたとします。さらに、隣の部屋にいたL君には、実はこの会話が聞こえたのですが、KさんはL君がこのお願いを知らないと思っているとしましょう。

さて、そのようなことがあったうえで、二人はその晩パーティーに出かけますが、Kさんには期待はずれのものでした。そこでKさんは8時過ぎに「遅いわ」とL君に言ったとしましょう。Kさんは、本当はつまらないから帰りたいのですが、それをパーティーを楽しんでいるL君に伝えたくなくて、「(いつものように)ベビーシッターに見てもらっている時間が迫っているから、もう家に帰る時間よ」と思ってほしいのです。ところが、L君は、Kさんがベビーシッターに11時まで見てくれるようにお願いしたことを知っています。そこで、Kさんが「誠実である」とL君が仮定していれば、L君はKさんの隠された意図に気づかず、何か別の解釈を考えるはずです。しかし、このような状況でも、大人の多くは話し手の意図した解釈にたどりつけます。それはなぜでしょうか。第三のレベルでは、聞き手の解釈の探求は、「関連性をもつ解釈が見つかったところ」ではなくて、「聞き手にとって関連性をもっと話し手が考えたであろう解釈が見つかったところ」でもなく、話し手の伝達意図に気づくことで「聞き手にとって関連性をもっと聞き手自身が思ってくれると話し手が考えたであろう解釈がみつかったところ」で終わるからです。

ここで、関連性理論の枠組みにおけるコミュニケーションのとらえ方をふりかえりましょう。この理論でのコミュニケーションとは、意図明示推論的伝達であり、いいかえれば、「情報意図があることを相手にわざわざ知らせるという伝達意図によって、その情報意図を達成する」ことです。前述の「EさんとF君がレストランに入ろうとして、突然Eさんが駐車場に止めてある車を指さした」例を思い出してください。F君はEさんの「『何かを知らせたい』ということを知らせたい」という伝達意図に気づくことで、なぜわざわざそのようなことをするのかを知りたくなり、関連性に基づいた推論をすることになるのでした。この場合も同様です。L君は、Kさんがベビーシッターに11時まで見てくれるようにお願いしたことを知っています。そこで、まだ早い時間なのに、なぜわざわざ「遅いわ」と言うのかを知りたくなり（伝達意図に気づくことで）、関連性に基づいた推論をすることになるのです。

そこで、L君は「Kさんは『僕がベビーシッターは11時まで見てくれていることを実は知っている』ことを知らない」ということに気づきます（これは、二次の心の理論を機能させています）。そして「僕にとって十分な関連性をもつのですぐに頭に浮かぶだろうと、Kさんが考えたことは何か？」と推論を進めることで、ふだんはベビーシッターに見てもらっているのは9時までであることに思いが至り、L君は、「ベビーシッターの件があるのでもう家に帰らなければならない」とL君自身が考えるようKさんは意図した（これが情報意図です）のだと理解できるのです。しかも同時に、Kさんがベビーシッターに今日だけ11時まで見てくれるようにお願いしているのを

L君は知っているので、Kさんが「欺こうとしている」不誠実さにも気づけます。

このように考えると、本格的な伝達能力をもつには、入れ子の心の状態の理解、つまり二次以上の心の理論が求められることがわかります。[iii] この発達によって、円滑に意志の伝達が成功し、人間らしい深いコミュニケーションが成立するのです。また、その過程で聞き手は、話し手の発話の裏に隠された高度な欺きやうそ（第３章）にも気づくことができ、そのような相手の行動に対して道徳的判断（第４章）も行うことができるわけです。

2. 関連性をもとにしたコミュニケーションの発達

伝達意図の発達

それでは、このような関連性理論にかかわるコミュニケーションは、何歳頃からどのように発達するのでしょうか。
実は、伝達意図の萌芽的な理解は、赤ちゃんの頃からすでに見られることが実験から示唆されています。第2章で共同注意を紹介しましたが、1歳頃から自分の行為を相手に向けつつ視線を合わせ、相手の注意をひきつけていることを確かめたりする行動が見られます。[95]
逆に、相手がこのような行動を見せた場合は、相手が自分に何かを伝えようとしていることも理解できるようです。近年、チブラらは、乳児が学習するしくみについて、「顕示」を示すシグナルと「参照」を示すシグナルとの組み合わせによる「自然な教授法（natural pedagogy）」という枠組みを提唱しています。[25] iv たとえば、物の名前を教える場合、大人（教える側）は、まず赤ちゃんにアイコンタクトをしたり、呼びかけたりといった顕示行動を行い、続いて対象物を見たり、指さしたりといった参照行動を行った後に、対象の名前を言います。教わる側（赤ちゃん）は、顕示行動に注意を向けることによって教育の場面に対する準備を行い、参照行動にしたがって教わる対象を同定し、続く行動（発話⇒物の名前）を、対象に関する知識として学習するという能力を備えているというわけです。この状況は、第2章で紹介したウッドワードらの「共同注意の有無によることばの学習」の実験を思い出していただくとわかりやすいでしょう（24－25頁）。この実験では、共同注意がない条件ではことばの学習がスムーズではありませんでした。この結果は、自然な教授法の枠組みでいえば、顕示と参照のシグナルが崩されているがゆえであるといえそうです。

大人（教える側）の顕示と参照のシグナルは、関連性理論の枠組みでいえば、伝達意図を明らかにする意図明示に相当するでしょう。したがって、幼い頃から、伝達意図の萌芽的な理解が見られると考えられます。[113] そのもっとも強力な証拠として、トマセロは次の二つをあげています。[176]

一つ目は、べーネらによる研究で、[10] 乳児に「共同注意をあからさまにしながら、おもちゃが入っている箱を指さした場合」と「大人が自分の手首を見ながら箱に指さしをした場合」の実験をしています。その結果、14か月の乳児は、前者の場合では箱の中のおもちゃを見つけましたが、後者の場合では見つけることはありませんでした。後者では、大人の指を伸ばした行為が自分に対する伝達行為と考えず、それゆえ関連性に基づく推論も行わなかったのです。

二つ目は、次のような研究です。30か月の幼児がほしいものを大人に要求し、一つの条件では大人が「わかった」と合図をするのに対して、もう一つの状況では、近くにある別の物体について「これがほしいのね」と合図をしました。そして、「これはダメなので」と言って、代わりに幼児がほしいものを手渡ししたのです。結果的には、幼児はほしいものを得られたのですが、後者の場合、大人の誤解を正しました。つまり、物体を手に入れたいという意図をもっていただけでなく、その意図を実現するために大人とコミュニケーションを行うという意図ももっていて、それが伝わっていなかったから訂正をしたと考えられるわけです[153]。

このうち一つ目については、トマセロらの研究グループにより、さらに研究が進んでいます。たとえば、シュルツェとトマセロ[142]は、18か月の乳児に次のような実験を行いました。実験者と乳児はパズルをするのですが、実験者は乳児に、パズルのピースが一つ足りないことを気づかせます。また、その近くには鍵のかかった箱が置かれています。ここで、顕示的条件、偶発的条件、志向的条件の三つを設定しました。顕示的条件は、実験者が乳児に対して共同注意をあからさまにしながら（探しているパズルのピースが入っている箱を開けるのに使う）鍵を見せる条件でした。偶発的条件は、実験者がうっかり鍵を動かしてしまい、子どもが偶発的に鍵に気づく条件でした。志向的条件は、実験者が落とした鍵を拾って、子どもの前でその鍵を不審そうに調べるものの、子どものことはまったく無視している条件でした。実験者が鍵に対して働きかけているという点では、顕示的条件と志向的条件は同じです。しかしその後、その鍵を使って箱を開けてパズルのピースを取り出した乳児は、顕示的条件でのみ多く、偶発的条件と志向的条件ではほとんどいませんでした。

この実験はコミュニケーションにおける意図明示の大切さを示すとともに、関連性の推論という点でも重要点が含まれています。先ほどの「おもちゃが入っている箱を指さす」場合は、指さす大人の意図（子どもに箱に注意を向けさせる）と社会的目標（子どもに箱の中のおもちゃを見つけさせる）に隔たりはほとんどありません。しかし、この実験では、大人の意図（子どもに鍵に注意を向けさせる）と社会的目標（子どもに箱の中にあるパズルのピースを取らせる）の間には、関連性の推論が必要になる隔たりがあります。示した鍵がパズルのピースを取ることに関連があると考えねばならないからです。このように、この実験から、18か月でもある程度、伝達意図を理解し、関連性の推論をしつつあることがわかりました。

さらにトマセロらは、情報意図と伝達意図の二つのレベルを3歳児でもある程度区別している可能性も示唆しています[41]。この実験では、大人が他者からの援助なしの自分一人でパズルのピースを見つけたい状況（援助を求めていない条件）と、他者からの援助でパズルのピースを見つけたい状況（援助を求めている条件）が設定され、3歳児と5歳児がどのような反応をするかが調べられました。子どもの行動は、情報有益性（informativeness）と顕示性（ostensiveness）の二つの次元で評定されました。情報有益性とは、この実験状況では「子どもの行動が対象（大人が探しているパズルのピース）の場所を示していたかどうか」により、三段階（示していなかった、不十分に示していた、示していた）で評定されました。また、顕示性とは、この実験状況では「子どもが大人とコミュニケーションをとろうとしていることを、子どもの行動が示していたかどうか」により、三段階（示していなかった、不十分に示していた、示していた）で評定されました。たとえば、アイコンタクトしながら対象をコンコンとたたいた場合は、情報有益性も顕示性も「示していた」と評定されました。また、大人に見られないように対象を目立つところに移動させた場合は、情報有益性は「示していた」で、顕示性は「示していなかった」と評定されました。

　その結果、大人が援助を求めている条件では、子どもの行動には情報有益性と顕示性の両方で「示していた」と評定される割合が高かったのですが、大人が情報を求めていない条件では、両方で「示していた」と評定される割合が低くなったのです。また、顕示性では3歳児に比べて5歳児において「示していなかった」と評定される割合が高く、より明確に「自分の関与を隠す」傾向が見られました。

　このようなことから、トマセロは「幼児は、伝達者が誰か他の人『に向けて』行為を意図していることを理解する、という伝達意図の初期段階には達している」と述べています[176]。しかし、同時に「幼児がまだ完全に大人と同じように理解しているのではないことも見落としてはならない」

とも述べています。[176] これは、伝達意図の仕組みを完全に把握していれば見られるような「自分の関与を隠して何かをしてもらう」というような行動が幼児に現れつつあるものの、先のI君とJさんのシャツの例のように、自由に使いこなせるわけではないからです。

子どもの発話解釈の発達

先ほど紹介した発話解釈に話を戻しましょう。松井智子著『子どものうそ、大人の皮肉』[104]では、子どもの発話解釈を以下の三つの段階に分けて紹介されています。

第一段階は、3歳から4歳くらいの子どもがあてはまり、「自分が納得できる解釈が見つかれば、それ以上は追求しない時期」です。第1章と第2章で述べたように、この年齢の子どもは、標準的な誤信念課題に正答できないことから、心の理論がまだ十分に発達しておらず、他者の心の状態をあまり意識しません。また、第3章で述べたように、3歳から4歳くらいの子どもは、うその理解も不十分です。言い換えれば、相手がうそをつく可能性を考えない、つまり「話し手は誠実（で有能）だ」と考えることに相当するので、この段階はスペルベルのいう「素朴な楽観主義」によって発話解釈がなされる時期と思われます。

第二段階は、5歳から7歳頃の子どもがあてはまります。第1章で述べたように、この年齢の子どもは、心の理論が発達し、標準的な誤信念課題に正答するようになります。つまり、「自分と相手の心の状態の違い」に気づき、自分にとって納得できる解釈が見つかっても、「話し手がもしかすると別の解釈を意図しているかもしれない」ことがしだいに理解できるようになる時期です。これは、「話し手がいつも有能なわけではない」と考えることに相当するので、この段階はスペルベルのいう「注意深い楽観主義」によっても発話解釈がなされる時期と思われます。

この本ではこの時期の発話解釈として、出かけるときに自分の帽子を探している子どもに、母親が「ソファーの上にあるわよ」と声をかける例があげられています[104]。この場合、ソファーに実際にあるのは母親のかばんで、自分の帽子はテーブルの上にあったとしたら、複数の解釈が成り立ちます。一つは「母親は母親のかばんがソファーの上にあると言った」であり、もう一つは「母親は帽子がソファーの上にあると勘違いして言った」ということです。また、母親はテーブルとソファーを言い間違えて、本当は「テーブルの上に帽子があるわよ」と言いたかったのだという解釈も成り立つことでしょう。この本では、5歳から7歳頃になると、子どもはどの解釈も可能だと思えるようになることが示唆されています。ただし、注意も必要です。というのも、第3章で述べたように、この年齢の子どもの「うその定義」は大人と少し違いますので、勘違いで言った場合も「うそつき！」と言われるかもしれません。このように、発話の解釈そのものが一段階洗練されても、発話が意味することの理解に大人と子どもで差がある場合がありえるおもしろい時期ともいえそうです。

第三段階は、8歳頃以降があてはまり、より大人に近い、洗練された解釈ができるようになる時期です。第2章と第3章で述べたように、この年齢の子どもは、入れ子になった二次の心の理論が発達し、意図的にうそをつく場合もあれば、冗談や皮肉で言っている場合もあることがわかるようになります。つまり、「話し手がいつも誠実であるとはかぎらない」と考えることに相当するので、この段階はスペルベルのいう「洗練された理解」によっても発話解釈がなされる時期と思われます。

このように、平均的には幼稚園の年少・年中組が第一段階、年長組から小学校低学年までが第二段階、小学校中学年と高学年が第三段階にあてはまることが示唆されています[104]。

3. 進化的視点

進化の観点の必要性

先に、グライスは「関連性」をルールととらえたのに対して、スペルベルとウィルソンは、そもそも「人間の認知システムは関連性の高い情報を選択的に処理するように形成されている」と考えたことを紹介しました。実際、先ほど紹介したように、トマセロらの研究によって、乳児においても伝達意図の萌芽的な理解が見られることがわかり、幼い頃から認知システムは関連性の高い情報を選択的に処理するように形成されているといえそうです。

これに対して、遺伝的には人間に最も近いにもかかわらず、類人猿は「指さしの意味」の理解が困難です。たとえば、三つのバケツの一つにエサを隠した後、類人猿の前で人間がエサの入っているバケツをさして反応を見る実験があります。この実験では、類人猿は人間の指さしと視線を追って正しいバケツを見た（他者の注意しているものには理解できた）ものの、ランダムに三つのバケツを選んだことが報告されています[177]。つまり類人猿は、指さしの「向きをたどる」ことはできても、指さしの「意味」（指さしがエサ探しに関連性があること）を理解していないわけです。トマセロは、この様子に「まるで、類人猿が『わかった。バケツがあるな。だから何だというのだ？　さて、エサはどこにあるんだろう？』と独り言を言っているかのようだ」と述べています。[v] このことは、伝達意図や「関連性の高い情報を選択的に処理する」ということが、人間に特有であることを意味し、それゆえ人間らしいコミュニケーションを生み出す源になっていることを示すと思われます。

また、チンパンジーは、ほかのチンパンジーに「教える」ということもしません[106]。チンパンジーの子どもがクンクンと泣きながら母親を探していても、近くにいるほかのチンパンジーは母親の居場所を教えません。これは、類人猿には、他者を助けるために何かを知らせるような「協力的動機」がないからです[176]。これに対して、人間はきわめて協力的です。先ほどグライスの「協調の原理」を紹介しましたが、まさにこの名の通り、お互いに協力的であることが想定されたうえで、人間のコミュニケーションは成り立っているのです。

トマセロは、人間の協力的コミュニケーションは、「共有志向性」に基づいた人間特有の協力的活動の例であると考えています[176][vi]。進化の過程で、協力的動機をもってお互いに協調的にやりとりできた個体が、適応上優位に立ち、その後、そうした協調活動をより効率よく調整する手段として、協力的コミュニケーションが出現したのではないかというわけです。人間の協力的コミュニケーションは共有志向性に基づいているため、おおもとである共有志向性の認知スキルや動機が、人間の協力的コミュニケーションの基盤を構成していることになります。それでは、その認知スキルや動機はどのようなものなのでしょうか。

トマセロが考える共有志向性の基本的な認知スキルは、「何層にもわたる心の状態の推察」です。これは、別の言い方をすれば、二次（以上）の心の理論に相当すると考えられます。また基本的な動機は、他者を助けたり、共有したりしたいという向社会的な「協力的動機」です。トマセロによると、何層にもわたる心の状態の推察が、社会的やりとりの中で用いられるようになり、注意の理解から共同注意が生まれたとされます。また、何層にもわたる心の状態の推察と個人の協力的でありたいという動機が組み合わさることで、私たちは共に協力的であるということがお互いにわかるようになり、相互に協力的であることへの期待や規範が生まれ、関連性に基づく推論へ導くものとして伝達意図が生まれた、とトマセロは考えています。

先ほど紹介したように、他者（他個体）がどこに注意を向けているのか、どのような意図や目標をもっているのかは、チンパンジーでも理解ができますが、共同注意や伝達意図は見られません。これは、類人猿には、「何層にもわたる心の状態の推察」と「協力的動機」の二つがないためです。この二つが人間らしいコミュニケーションを生み出すうえで決定的な役割を果たすと考

えられるのです。[vii]

それでは、このような協力的動機や何層にもわたる心の状態の推察が、どのように人間に備わったのでしょうか。これを考えるのに必要な進化的な観点を本章の最後に考えてみましょう。

互恵性のめばえ

少し難しいですが、次の問題を考えてみてください。

カードの片面に英語の母音か子音が書かれていて、もう一方の面には、数字が書かれている。

図5－2の4枚のカードを見て、「表が『母音』であれば、裏は必ず『偶数』だ」というルールが正しいかどうかを調べるには、最小限、どのカードを裏返さなければならないか？

これは、「ウェイソンの選択課題（4枚カード問題[186]）」とよばれ、昔から認知心理学で頻繁にとりあげられる有名な課題ですが、とても難しく、正答率は10％程度といわれています。

それでは、この課題を次のように変えてみるとどうでしょうか。

図5-2　4枚カード問題

カードの片面にビールかコーラが書かれていて、もう一方の面には、年齢が書かれている。図5-3の4枚のカードを見て、「表が『ビール』であれば、裏は必ず『20歳以上』だ」（ビールを飲むには、20歳以上でなければならない）というルールが正しいかどうかを調べるには、最小限、どのカードを裏返さなければならないか？

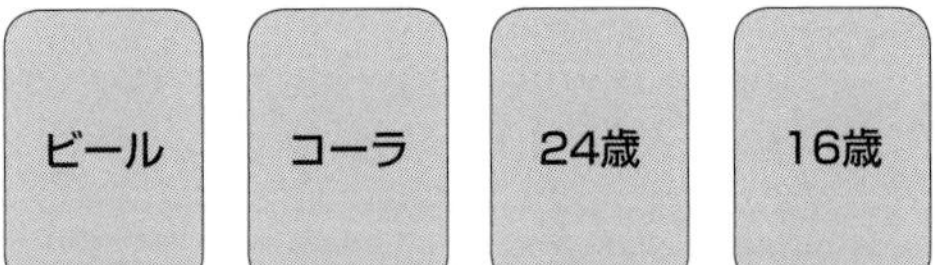

図5-3　社会的な4枚カード問題

今度は、すぐに答えがわかった方が多いでしょう。答えは、「ビール」と「16歳」です。ビールを飲んでいる人が19歳以下だったら許されませんし、16歳の人がビールを飲んでいたら大変なことになりますね。

この問題は、先ほどのウェイソンの選択課題と論理的にはまったく同じ（pならばq）問題です（したがって、先ほどの正解は「A」と「7」です）。しかし、正答率には大きな違いがあり、二つ目の飲酒のような「社会的ルール」が必要となる状況を設定すると、正答率が飛躍的に向上するのです[24]。

これは、社会的ルールを破っている者（裏切り者）の発見は容易なので、正答率が高くなったと解釈されました。たとえば、あなたと私がはるか昔の狩猟採集時代に生きていたとしましょう。飢え死と背中合わせの日々だったその時代に、あなたと私が狩りに出かけて、あなたが獲物を仕留めたとします。あなたは気前よく、私にも獲物を分けてくれて、二人ともしばらく生きながらえることができました。しかし食料が尽きて、また二人で狩りに出かけたとしましょう。今度は私が獲物を仕留めました。ところが私はそれを独り占めしてしまいました。このとき、あなたはどう反応するでしょうか。「ふざけるな！」と怒りを覚えるに違いありません。その怒りが大事なのです。もし、あなたが私の独り占めに何も反応しなかったら、あなたは飢え死にして、生き残ることはできません。

つまり、人間社会は、「互恵性」（社会的交換）が重要です。対価を払わずに利益を得るような社会的ルールを守らない「裏切り者」を素早く発見することは適応的で、そうした能力が進化してきたと考えられるのです。そして、ここでの互恵性は、言い換えればお互いの「協力」のめばえ（相互に協力的であることへの期待）、もしくは定着になると思われます。実際、人間の協力に対する意識はとても強いものがあります。第4章で紹介したハムリンらの研究のように、生後わずか6か月であっても「援助」というポジティブな行動を好みます。幼児期にはさまざまなかたちで教示行為も見られます[1][77]。

互恵性や協力のめばえ、もしくは定着の過程では、自分についての他者からの評判も重要になります。「あいつは裏切り者だ！」という悪評が生まれれば、集団の中で生きていくのは困難になるからです。そこから、集団での約束事、すなわち規範の発生へとつながり、道徳性や慣習の発達も促されたのかもしれません。さらに、この評判を理解するには、「相手は『自分が……と考えている』ことを悪いことだと考えている」とか「Aさんは『Bさんが……だと考えている』ことを良いことだと考えている」といった入れ子になった心の状態の理解、つまり二次以上の心の理論の発達を促進する力になったのかもしれません。先ほども述べましたが、これはトマセロの言葉でいえば、「何層にもわたる心の状態の推察」となります。トマセロは、「何層にもわたる心の状態の推察」の出現について、進化の「ある時点で、個人個人が『あの人は私がそれを見ているのを見ている』というような理解をするようになり、後になってからこの理解が何層にもわたる心の状態の推察であることが明らかになったのだろう」と述べていますが[176]、ここで見てきたように、互恵性のめばえがその一助になった可能性も考えられます。[viii]

まとめ

本章では、人間の柔軟なコミュニケーションとして、協調の原理や関連性、伝達意図といったものがポイントになることを紹介してきました。これらの背後には、心の理論、それもとくに二次以上の心の理論の発達が欠かせません。また、これらがうまく機能するためには、実行機能のさらなる発達が不可欠です。たとえば、発話解釈一つとっても、素朴な楽観主義でうまくいかなければ、注意深い楽観主義、あるいは洗練された理解へと柔軟にシフトしていかなければならないからです。

このように、ここまでの五つの章で、心の理論と実行機能が人間の柔軟なコミュニケーションを支え、欺きや道徳性といった社会的な心を機能させることを紹介しました。ただし、こうした能力をうまく機能させるためには、もう一つ大切なことがあります。それは、こうした能力がうまく働いているのかをチェック（モニタリング）し、コントロールするような心の働きです。また、こうした能力が働くのはどのようなときなのかといった知識も重要です。これらに関することこそが、本書の三つ目のキーワードである「メタ認知」となります。メタ認知については、これまでも断片的に言及してきましたが、次の第６章ではメタ認知そのものに焦点をあて、社会性を促進する教育とあわせて考えていくことにしましょう。

註

i　ただし、トマセロは、大型類人猿の身振りによるコミュニケーションだけは、異なる社会的環境の中で、異なる社会的目的のために柔軟に使われることを報告しています。しかし、大型類人猿であっても発声はほぼ遺伝的に固定していることから、身振りこそが、人間のコミュニケーションと言語の豊かさを生み出した源泉であることを主張しています。[176]

ii　この例は、スペルベルとウィルソンの[163]『関連性理論』を参考にしています。

iii　正確には、スペルベル[161][162]は情報意図と伝達意図について、もう少し入れ子が重なった心の状態で表記しています。本書では簡潔さを優先して、入れ子の重なりを単純化しています。

iv　ここでの「自然な教授法」に関する訳語と説明では、千住淳著『社会脳の発達』[143]を参考にしました。

v　この表記は、トマセロの翻訳書の日本語訳を参考にしました。[176]

vi　共有志向性とは、簡単にいえば、何かに向けての意識（志向性）が共有されていることです。

vii　こうした何層にもわたる心の状態の重要さは、トマセロやスペルベルのほかにも、多くの研究者が示唆しています。[52][58]最近では、ズデンドルフ[166]の著書“*The gap*”は、邦訳のタイトル（『現実を生きるサル　空想を語るヒト―人間と動物をへだてる、たった2つの違い』）の通り、人間と動物をへだてるものとして、「入れ子構造を心の中で生み出す際限のない能力」と「他者の心とつながりたいという抜きがたい欲求」の二つをあげています。これらは、トマセロの考えとかなり類似しています。

viii　ただし、ここには私の推論も入っています。トマセロは、もう少し慎重に議論しています。

第6章 メタ認知を育む

「細かいことが気になるのが僕の悪い癖」というセリフは、刑事ドラマ『相棒』の主人公である警視庁特命係の右京さん（杉下右京警部）の口癖です。そして、その「細かいこと」が後の展開への伏線になっていて、難事件の解決につながるわけですが、右京さんのこのセリフは、「自分で『自分の認知』（＝細かいことが気になる傾向）を認知している」ということを意味します。

これは「メタ認知（metacognition）」とよばれ、私たちの行動を支えるとても重要な心の働きであり、本書で重視する三つの概念の一つです。これまでの章でもメタ認知に言及していましたが、本章ではこのメタ認知に焦点をあてます。

メタ認知が、子どもの社会性やコミュニケーションの発達に重要な役割を果たすだけでなく、子どもを教育する大人自身にとっても重要であることを考えていきましょう。

1．メタ認知とは何か？

メタ認知の概念と機能

メタ認知は、心理学でよく知られ、さかんに研究されている専門的かつ重要な概念です。最近では、一般書[74][112]やテレビなどでもとりあげられる機会が増え、見聞された経験をおもちの方も多いでしょう。ところが、その概念が正確に理解されていることは少なく、メタ認知の大切さと有効性が十分に伝わっていない気がします。実際に、大学の授業や一般向けの講演などで問いかけてみると、聞いたことはあるがよくわかっていなかったという反応が多数です。

実は、このように「『メタ認知』って知っているぞ」とか「『メタ認知』ということばは聞いたことがあるけれど、何のことかわからないわ」と感じることが、自分自身の認知（この場

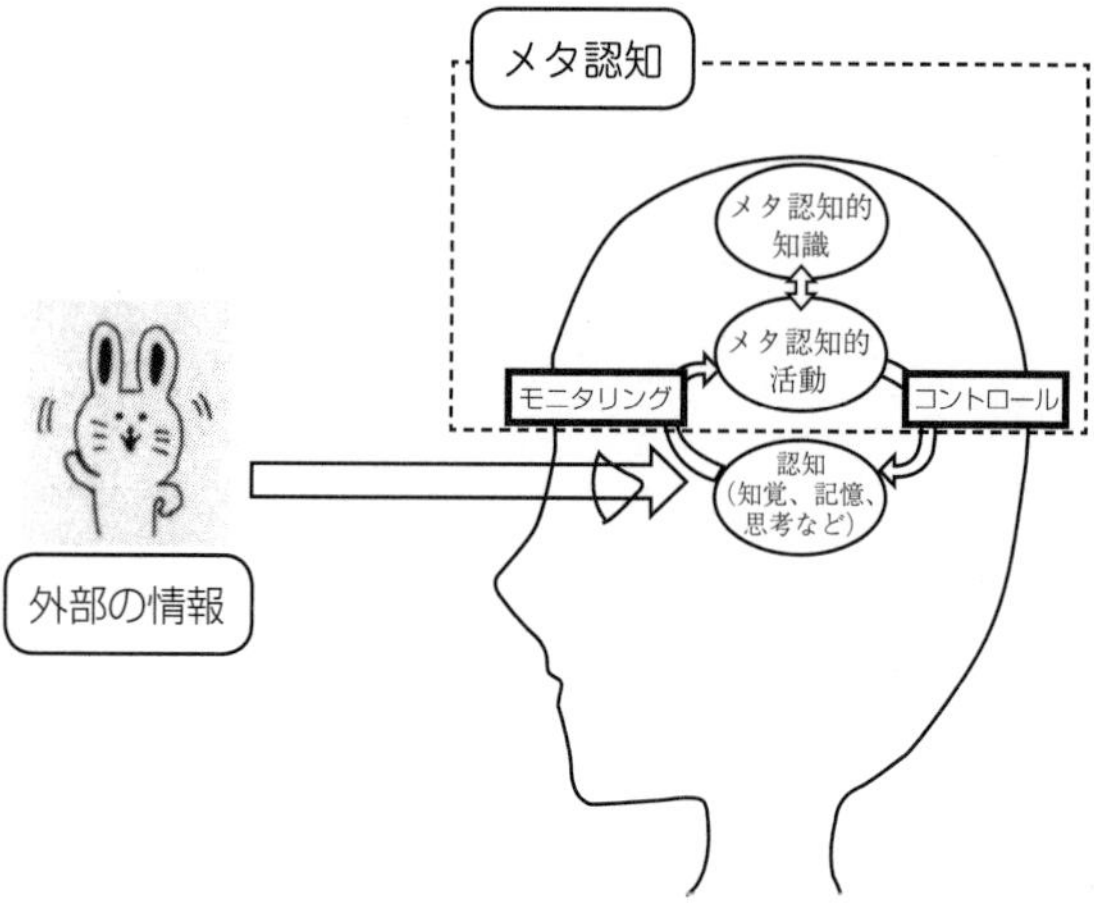

図6-1　メタ認知（山田・林，2011[193]より引用）

合、記憶）を把握していることになるので、メタ認知となるのです。ここで、「認知」というと堅い感じを受ける言葉ですが、見たり聞いたり（知覚）、覚えていたり忘れていたり（記憶）、考えたり（思考）するような心の働きを指します。そして、そのような「認知」の働き自体を上から眺めて理解するような心の働きを、「メタ認知」とよびます[124][140]（図6－1参照）。

メタ認知は大きく二つに分けて考えられます（表6－1参照）。一つ目は、自分の認知状態に気づき（モニタリング）、目標を設定・修正する（コントロール）もので、「メタ認知的活動」とよばれます。上で述べたように、自分の記憶や忘却に気づいたり、自分の考えの矛盾に気づき、目標や評価を変えるといった活動があてはまります。

二つ目は、ふだんの経験や学習などによって蓄積されていくものです。私たちは認知についていろいろなことを知っています。たとえば、「私は記憶力が良い」「私は人の気持ちを読み取るのが苦手だ」といった自分自身の認知についての知識や、（第2章で学んだように）「共同注意をともなったほうが、物の名前が伝わりやすい」「（パソコンで自分で書いた文章を）プリントアウトして読むと、誤字脱字に気づきやすい」といった認知の一般的な傾向についての知識です。このような人間（自分や他者、人間一般）の認知の特徴についての知識を「メタ認知的知識」とよびます。本章の冒頭でとりあげた右京さんの口癖も、「細かいことが気になる」という自分の認知的特徴をふだんから知っていることを示すので、メタ認知的知識になります。

メタ認知というとメタ認知的活動に相当することだけを紹介される場合が多いですが、メタ認知的知識も重要です。たとえば、「共同注意をともなったほうが、物の名前が伝わりやすい」というメタ認知的知識をもっている人は、そうでない人に比べて、子どもに物の名前を教える場合にアイコンタクトや指さしなどを積極的に行うので、子どものことばの発達が促されるはずです。

ただし、せっかくこのメタ認知的知識をもっていても、物の名前を教える場面で、「今、何かすべきことを忘れてないか」といったモニタリング（メタ認知的活動）が機能しなければ、その知識を活用できません。第2章で紹介したように、実際に赤ちゃんが何かに注目しているまさにそのときに、一緒に視線を向けたり、指さしをしたりするのを忘れてしまうと、赤ちゃんは物の名前を覚えられません。つまり、メタ認知的活動とメタ認知的知識が協調して働くことが重要です[27][193]。

このことは、大人どうしの社会的場面でもあてはまります。たとえば、『相棒』での右京さんは細かいことに気づく（認知）わけですが、あまりにも細かいことで、しばしば場の空気を乱します。しかし、その細かいことに気づいていることを自覚し

メタ認知的活動	モニタリング：認知状態についての気づき、確認、評価（「私は今、相手の考えていることを理解できていない」）など
	コントロール：認知の目標の設定や修正（「相手が求めていることを聞き逃さないようにしよう」）など
メタ認知的知識	自分自身の認知についての知識：「私は記憶力が良い」、「私は人の気持ちを読み取るのが苦手だ」など
	人間一般の認知の特徴についての知識：「共同注意をともなったほうが、物の名前が伝わりやすい」、「プリントアウトしたものを読むと、誤字脱字に気づきやすい」など

表6-1　メタ認知の分類（三宮，2008[140]を参考に単純化した）

（メタ認知的活動）、それが自分の悪い癖であると知っていて（メタ認知的知識）、相手にことばで伝えることで、場を和ませるシーンがたびたびあります。

　このようなメタ認知は子どもにとっても重要です。社会的場面から離れますが、小学校の低学年で学習する足し算の例で考えてみましょう（図６－２）。ここで、問題を見て解答する心の働きは「認知」です。数字を見て（知覚）、その数字を頭に入れながら（記憶）、計算という処理をする（思考）からです。

　この年齢の子どもたちの多くは、図６－２の左側のように、単純に計算して、繰り上がりを忘れます。しかし、なかには「ちょっと待てよ、何かおかしいぞ」という気づきが入る子どももいます。これは、自分の認知自体をモニタリングしているので、メタ認知的活

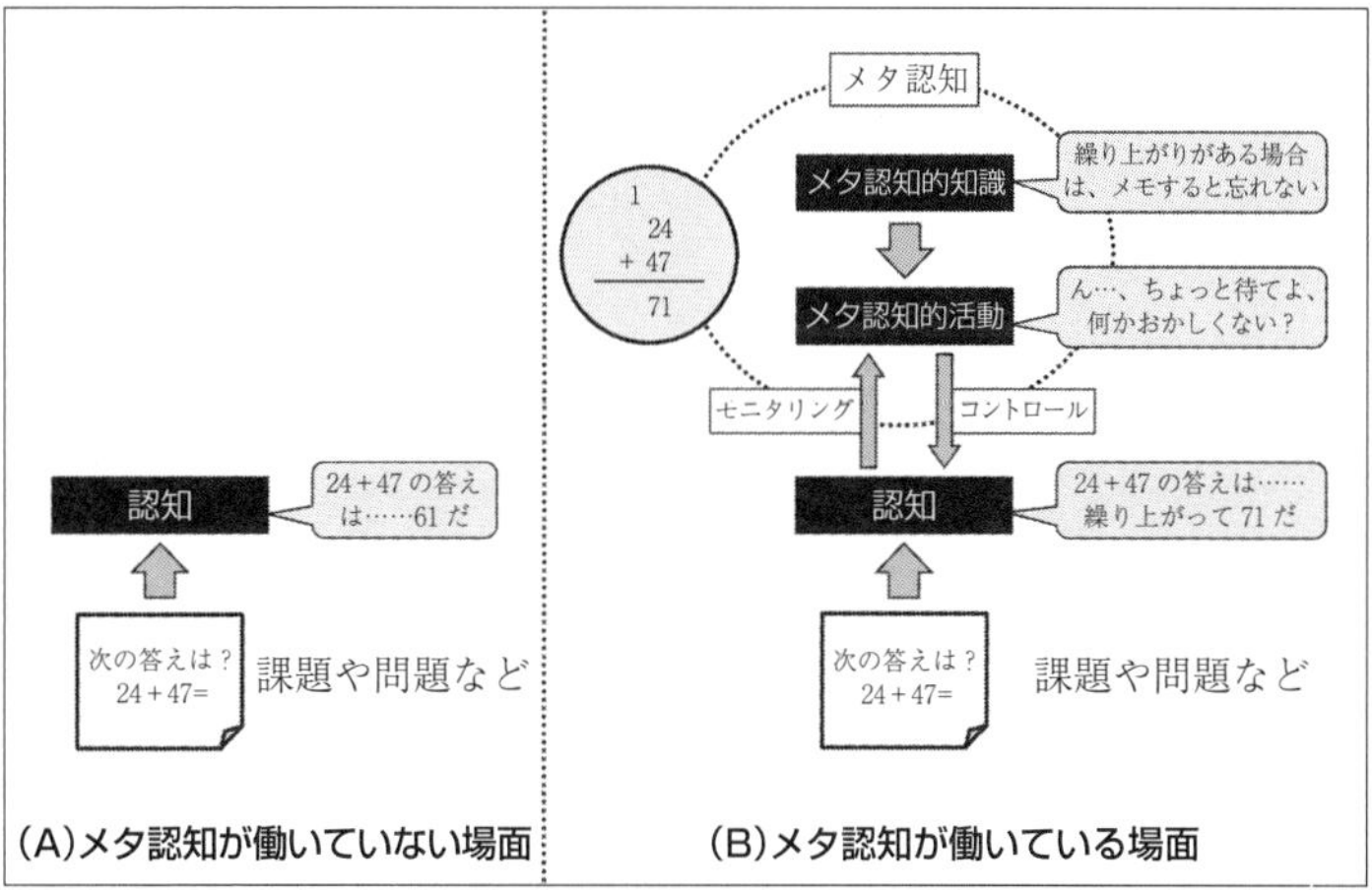

図６-２　足し算で求められるメタ認知の例
（岩男・植木，2007[69]を参考に作成）

動が働いていることになります。さらにその際に、先生から教わった「繰り上がりのある場合は、（補助数字を）メモすると忘れない」という認知傾向に関する知識（メタ認知的知識）を思い出すことができれば、実際に繰り上がりの処理をして（コントロールして）、正しい計算結果を出すことができます。

また、これができるためには、メタ認知的活動とメタ認知的知識の両者が協調して働くことが大事です。メタ認知的活動によって何かおかしいと気づいても、それに対応するメタ認知的知識がなければ正しく計算できませんし、逆に、メタ認知的知識をもっていても、実際に足し算する場面でメタ認知的活動が働かず、それを思い出せなければ、正しい計算ができません。

このように、簡単な足し算ひとつにおいてもメタ認知が適切に働くかどうかで結果が大きく変わります。メタ認知が働いていない子どもは、何度も同じミスを繰り返してしまうのです。

子どものメタ認知の発達

それでは、子どものメタ認知能力はどの程度で、どのように発達するものなのでしょうか。

幼児を対象にしたおもしろい研究があります。[197] 4歳児に10個の事物を覚えるようにお願いすると、約半数の子どもが「全部覚えられる！」と答えました。しかし、記憶のテストを行うと、実際に覚えていたのは3個程度に過ぎなかったのです（また、10個の事物を覚えるには大人でも時間がかかるはずなのに、子どもはわずかな時間で全部覚えたと言うこともあると思います）。さらに、この結果を伝えても「次は全部覚えられるから」と言って、自分の記憶力を疑いませんでした。そこで、もう一度やってみても、やはり3個程度しか思い出せませんでした。この4歳児の反応は、メタ認知が働いていない状態です。自分がどの程度記憶できているのかを正しく把握できていませんし、別の記憶方法を試すこともしていません。そのため、成績を改善することもできないのです[69]。

児童期はどうでしょうか。記憶についての知識を、幼児期から児童期にあたる時期の子どもにさまざまなかたちで質問した研究があります[84]。このうち、「直後－遅延項目」では、電話番号を教えられたら、すぐに電話をかける場合と、水を飲んだ後にかける場合とで違いがあるかを聞かれました。また、電話番号を覚えておきたい時にどうするかも聞かれました。研究自体は古いため、携帯電話やスマートフォンが子どもにも普及して、いつでも容易に電話ができる現在ではイメージしにくい設問ですが、これはワーキングメモリ（第2章参照）に関することで、ポイントは「情報を忘れずに覚えておくにはどうすれば良いか」という点にあります。

その結果は驚くべきものといえます。小学一年生でも、70％がすぐに電話をかけると答えたことから、記憶が消失するものだということには早い時期から気づいているようです。ところが、忘れないようにするために、「実際に声に出して繰り返したり、頭の中で繰り返し唱える」ことに注意が向く割合は三年生でも低く、五年生になって「書きとめる」のと同じくらい意識が向くようになることがわかったのです。

このように、メタ認知は児童期を通じて発達していきます。また、中学校以降の青年期も発達が続き、大人の思考に近づいていくのです。[i]

2. メタ認知と社会性

ここまで、メタ認知の概要と子どもでの発達の様子を一般的に紹介してきました。メタ認知は、第5章までで紹介した社会性やコミュニケーションの発達にとっても重要です。実際、心の理論の発達と相関するという研究結果も報告されています。たとえば、ロックルとシュナイダーによる縦断的研究[98]では、3歳と4歳での心の理論に関する課題の成績が、その後のメタ認知に関する課題の成績と正の相関がありました。また、この両者の関係は、言語能力の個人差を統計的にコントロールした場合にも見られました。この研究で調べられたメタ認知は、主に記憶にかかわるメタ認知的知識という点で部分的ではありますが、心の理論を働かせることで、他者や自分の内的な状態に注意が高まり、より一般的な人間の記憶や認知についても考えていけるということを示唆しているのかもしれません。[38]また、自閉症では記憶のモニタリングなどメタ認知能力が弱く、メタ認知がうまくできないと心の理論に関する課題も正答しにくいことも報告されています。[198]さらに、第2章でも紹介したように、心の理論の発達には実行機能の成熟が欠かせません。したがって、メタ認知の発達にも実行機能と関連があると考えられ、[29]実際にそのような関連を示唆する研究も報告されつつあります。[14]

二つのシステム

メタ認知の重要な働きを考えていく上で、人間の思考についての枠組みにふれておきましょう。人間の思考は「システム1（速い思考）」と「システム2（遅い思考）」の二つのシステムから成り立つと多くの研究者が考えています。[70][164]ii

システム1は、自動的に高速で働き、努力は不要かほんのわずかです。また、自分でコントロールしている感覚は一切ないとされます。たとえば、私たちは相手の表情を見て、一瞬で感情をわかってしまいますが、これはシステム1の働きによるものです。

これに対して、システム2は、意識的な注意力を要するもので、複雑な計算や計画的な選択など、頭を使わなければできない困難な知的活動に注意を割りあてます。たとえば、（システム1でわかった）相手の感情に応じて対処したとき、その自分の行動が適切かどうかをじっくりと考えるような活動は、システム2の働きによるものです。

本書ではここまで、第1章の図1－1のマンガを考えていただいたときのように、人間の「直観」と「論理」について随所で言及してきましたが、これはそれぞれシステム1とシステム2の枠組みで考えられます。第4章で紹介した道徳的判断も、ハイトの「象」（直観的で自動的なプロセス）と「乗り手」（理性にコントロールされたプロセス）の比喩のように（87頁）、おおまかにはこの二つのシステムで考えることが可能です。[44] トロッコ問題で直観的に判断して矛盾が生じるのは、システム1による働きといえるでしょう。直観的な判断に辻褄が合うように理由を考えたり、矛盾に気づいたりするのは、システム2による働きです。このように考えると、コールバーグが道徳性の発達段階で調べていたのは（88頁）、道徳的な場面でのシステム2の働きの発達についての側面が強かったといえるかもしれません。

システム2とメタ認知(1)

システム2には、システム1の働きを監視し、調整する能力が備わっています。メタ認知の有益さは、このシステム2において機能することにあるといえます。それは主に次の二点にまとめられるでしょう。

第一は、システム1での自動的かつ直観的な判断をモニタリングし、コントロールすることで、客観的に考えたり向社会的に考えたりすることができる点です。たとえば、第3章で紹介した、他者から好きでないプレゼントをもらったときの子どもの様子を思い出してください。このようなとき、幼児の多くは自分のネガティブな感情を抑制できず、そのまま表出してしまいます。しかし、児童期に入ると次第に表出ルールが身につきます。つまり、好きでないプレゼントをもらっても、笑顔を見せたり、「うれしい」とホワイトライ（悪意のないうそ）を言うようになるのでした。このような表出ルールの発達には、二次の心の理論や実行機能の発達が欠かせませんが、二つのシステムとメタ認知の視点からも考えることができます。具体的には、「自分は今、悲しい」という自分の現在の気持ちをメタ認知して、それを「そのまま出すと相手は悲しんでしまう」、だから「喜んでいるふり」をしようと判断することです。幼児にはこれがなかなかできません。それはシステム1で直観的に悲しく感じてしまい、そのまま表出してしまうからです。しかし、児童期になると、メタ認知が発達し、システム2を働かせることで、システム1で直観的に感じたことをモニタリングし、コントロールできるわけです。

またこの直観的な判断のモニタリングとコントロールは、青年期以降も有効です。たとえば、4～5歳頃に標準的な誤信念課題に正答し、他者の心の状態にアクセスしやすくなりますが、常にそうとはかぎりません。実は大人においても、ワーキングメモリに負荷がかかった状態では、心の理論が働きにくくなり、自己中心的になる傾向が知られています。[94][100]iii つまり、何かの作業中であったり、別のことに気をとられていたりすると、他者と自分で視点や心の状態にズレがある場合、自分の視点や心の状態で判断してしまう傾向があるのです。このことをメタ認知的知識としてもつようになると、システム1の直観的判断で考えた「他者の心の状態」（と自分では誤って思っていること）について、「ちょっと待てよ」とチェックが入る（メタ認知的活動のモニタリング）ことでしょう。そ

して、今、自分はほかのことに気をとられていて、他者に向ける注意がかぎられている（＝ワーキングメモリに負荷がかかっている）ことを意識すれば、システム２を働かせることで、誤りに気づき、他者の心の状態を正確に理解するように視点を切り替えることでしょう（メタ認知的活動のコントロール）。このように、メタ認知とシステム２の働きによって、社会的な場面でも円滑なコミュニケーションを生み出すことができるのです。

システム２とメタ認知(2)

メタ認知がシステム２において有益な働きをすることの第二は、「偏りの補正」です。先にも述べたように、システム１による判断は、労力がかからず高速です。人間の認知を支える容量や処理速度はかぎられていますので、この点は重要です。ただし、その代償として判断に偏り（歪み）が生じることがあります。これを「認知バイアス」とよびます。[iv] つまり、論理的でない奇妙な判断になることがあるわけです。行動経済学者のアリエリーは、認知バイアスの生起について「予想どおりに不合理」ということばで巧みに表現しています。[3] アリエリーによると、「わたしたちは不合理なだけでなく、『予想どおりに不合理』だ。つまり、不合理性はいつも同じように起こり、何度も繰り返される」のです。

それでは、具体的にどのようなパターンがあるのでしょうか。認知バイアスにはさまざまなものがありますが、ここでは子どもで見られる社会的な認知バイアスのなかから二つを紹介します。

ポジティビティ・バイアス

一つ目は、「ポジティビティ・バイアス」です。子どもに、ある人物が良い行動をするお話と悪い行動をするお話を聞かせる研究があります。[149] その後、その人物はよい人か、それとも悪い人かと尋ねると、3歳児は、良い行動を行った人物はよい人であると判断しましたが、悪い行動を行った人物にも「よい人」と言ったり、「どちらでもない」と判断したりする子どもが多かったことが報告されています。さらに4～5歳児でも、「悪い人」も未来には「良い行動」をするだろうと判断する様子が示されています。この傾向をポジティビティ・バイアスとよびます。欧米の子どもでも見られ、ポジティビティ・バイアスは幼児期に普遍的に見られることから、[151] 子どもにおいて顕著な認知バイアスと考えられます。[v] 子どもは他者を「いい人」であると思っており、また大人は「困っている自分を助けてくれる」と考える傾向があるのです。

不作為バイアス

二つ目は、「不作為バイアス（omission bias）」です。私たちの悪い行為は、「人を殴る」「うそをつく」といったように動作や言葉がともなうものばかりではありません。「人が溺れているのに何もしない」「大事な情報を教えない」といったように動作や言葉がともなわないものもあります。刑法では、これらの行為が区別され、「殴る」といった積極的な動作がある犯罪を「作為」、

「何もしない」といった積極的な動作がない犯罪を「不作為」と定義しています。[35]
一般に、作為と不作為を直接的に比較すると、それらの行為を生み出した「意図」や、それらの行為によって生じた「結果」が客観的には同等でも、作為のほうが不作為よりも悪いと感じてしまいます。これを不作為バイアスとよびます。[45][133]
私は、7〜8歳（小学二年生）と11〜12歳（六年生）の児童、そして大人（大学生）を対象に、不作為バイアスが子どもでどの程度見られるのかを検討しました。[62] 用意した二つのお話は「男の子の行為が、女の子を悲しませる結果を生み出す」という点で同じで、男の子の意図も同一の文で明示しました。たとえば、男の子と女の子の二人が冷蔵庫の中にチョコレートを見つけます。その後男の子が一人でいるときに、チョコレートが棚に移し変えられた情報を入手します。ところが、チョコレートを一人占めしたい男の子は、その情報を女の子に伝えなかったため、女の子はチョコレートを見つけられず、悲しい思いをしました。唯一の違いは、男の子の行為が作為（例　女の子にチョコレートの場所を聞かれたので、「知らないよ」と言う＝うそをつく）か、それとも不作為（例　女の子にチョコレートの場所を聞かれなかったので、何も言わない＝正しい情報を伝えない）かでした。結果は、作為のほうが悪いとした判断はどの年齢でも多く、強い不作為バイアスを示しました。つまり、不作為バイアスも子どもでも顕著に見られる認知バイアスと考えられます。

認知バイアスを低減するために

先ほど、「予想どおりに不合理」というアリエリーのことばを引用しました。アリエリーは、続けてこのようにも言っています。「わたしたちがいかに予想どおりに不合理かを知ることは、よりよい決断をしたり、生活を改善したりするための出発点になる」。ここには、認知バイアスを克服するヒントが見られます。ここでの「わたしたちがいかに予想どおりに不合理かを知ること」は、自分（あるいは人間一般）の認知の特徴を知ることですから、メタ認知に関係します。したがって、システム１で生じるさまざまな認知バイアスの特徴を「メタ認知的知識」として知っておき、その知識を実際の場面でシステム２を働かせて使うことが、認知バイアスの低減、つまり判断の偏りの補正にとって重要となります（これが「メタ認知的活動」となります）。

たとえば、ポジティビティ・バイアスにおいて、幼児期のこのような他者をポジティブにとらえる傾向は、社会的に見れば好ましい面もあるかもしれませんが、危険なことでもあります。実際に、見知らぬ人のことを「よい人」と考えた子どものほうが、見知らぬ人からの誘いについていきやすいことが報告されています。[151] 前述のように幼児期にはまだメタ認知が発達していないため、幼児にポジティビティ・バイアスの傾向を気づかせることは困難です。しかし、その代わりに大人が幼児にはこのような認知の傾向があることを知る、つまり幼児に関するメタ認知的知識をもつことで、教育や指導に生かすことができることでしょう。具体的には、安全教育として、「人」ではなく「場面」に焦点化した教育が必要であり、どのような場面が危険なのか想定しておくことの重要性が示唆されています。[150]

また、不作為バイアスにおいては、低年齢から大人と同程度に強く現れているため、かなりの注意が必要です。子どもとの差がないため、大人自身も「不作為に対して、甘く判断しがちになる」というバイアスになかなか気づきません。読者のみなさんも、先ほどの不作為バイアスの研究結果をお読みになって、はじめて「ああ、そうだな」と気づかれた方も多いと思われます。そこで、このような認知の傾向があることを知っておく、つまりメタ認知的知識をもつことが有益になるのです。たとえば学校現場などで、A君がBさんに大事な情報を教えなかった、すなわち不作為によって、Bさんに不利益が生じたとしましょう。もしかすると、A君はシステム1で生じる直観的な判断、すなわち不作為バイアスによって、「うそをついてないからいいや」と思ってしまうかもしれません。このような場合、教師や親など大人が不作為バイアスについてのメタ認知的知識をもっていれば、システム2を働かせられます。つまり、大事な情報を教えない（不作為）ことも、うそをついた場合（作為）と同じ結果を生み出すことがあり、そうであれば同じように悪いことであるということを教えて、子どもに理解させることができるのです。これに対して、大人がこのメタ認知的知識をもっていなければ、不作為に対して甘く判断しがちになり、結果としてA君の道徳性を高めていく指導の機会を逸することにもなりかねません。

第4章で、教育実習から戻ってきたばかりの学生が、私の授業の感想で「人間の道徳的判断は必ずしも論理的でも理性的でもない……じゃあ道徳は授業として、どうすればよいのだろう?」

と書いてくれたことを紹介しました。その返答として、私は「人間の道徳的な判断が、仮に瞬間的には直観だとしても、その直観だけに左右されず、理性的に考えることの大切さを指導するというところに、道徳教育のポイントをもっていけるのではないでしょうか」と答えたことも記しました。このように学生に回答した背景には、ここで述べてきたメタ認知とシステム２の活性化という視点があったわけです。ただ論理的、理性的に考えさせることと、直観と論理の両面があることをふまえたうえで理性的に考えさせることの間には違いがあり、後者によって一歩深い指導ができるのです。

3．大人もメタ認知を向上させる

メタ認知を適切に働かせる難しさ

前節までで、児童期にメタ認知が大きく向上し、社会的場面においてもメタ認知を促す教育が重要であることを紹介しました。ただし、ここには大人のメタ認知は適切に働くという前提が感じられたかもしれません。しかし、実はそうではなく、子どもを教育する大人の側のメタ認知を高めることも大切です。

以前に放映されていたＮＨＫの『あしたをつかめ 平成若者仕事図鑑』という番組で、学童保育指導員の活動が紹介された際に、次のようなシーンがありました。

学童保育指導員になりたての若いMさんが、子どもたちを連れて公園に遊びに行きました。二つのチームに分かれ、サッカーをすることになりました。体を動かすことが好きなMさんは、一方のチームに入り、子どもたちをリードするのは良いのですが、次第に熱中し、まわりが見えなくなっていきます。傍らでは体調を崩してベンチで横になっている子どももいたのですが、それに気づくことができません。後からやってきた先輩指導員が、その子どもを介抱する様子で、やっと異変に気づくことができたのでした。

その夜、Mさんは先輩指導員から注意を受けました。さらに、週末の指導員同士の会合で、ディスカッションすることで、自分の欠点を指摘されました。その結果、Mさんは「（自分は）好きなことに熱中するとまわりに注意が向かなくなる」ということを知ったのです。

翌週、再びMさんは子どもたちを公園に連れていく機会がありました。今度も子どもたちと一緒にサッカーを始めたのですが、今度は途中で体調を崩してベンチに座っていた子どもに気づくことができ、適切な対応をすることができたのです。

一度目は失敗したMさんが、なぜ同じミスを繰り返さず、二度目にうまく対応できたのでしょうか。これはメタ認知の観点から見るとうまく説明できます。Mさんは、「自分の認知の傾向」に気づくことができたのです。「好きなことに熱中するとまわりに注意が向かなくなる」という自分の認知傾向を知ることは、メタ認知的知識です。二度目では、「前もこのようなときに何か問題があったな」とメタ認知的活動のモニタリングが働き、このメタ認知的知識を使って、注意をまわりにも向けるようコントロールして、子どもの異変に対処することができたのです。

このMさんの例が示すことは重要です。大人の、しかも指導者であっても、メタ認知が機能していないことがあり、うまく働かせるように意識する必要があるのです。

さらに、ここにはメタ認知力を高める上でのヒントも見受けられます。一つは「ディスカッション」です。鏡がない状況で自分の顔の汚れに気づくのが難しいように、自分の認知傾向に独力で気づくのはたいへん難しいことです。そこで、他者の力を借りることが有益です。他者と議論し、自分が気づいていない点を指摘してもらうことで、初めて自分の認知傾向をいろいろ知ることができ、メタ認知が促されるのです。

もう一つは「リフレクション」で、振り返りの機会を設けることです。二〇一一年にNHKで放映された『コロンビア白熱教室』という番組で、シーナ・アイエンガー教授が「選択日記」をつけることを勧めていました。私たちの日々は選択の連続です。その選択はうまくいくこともあれば、後悔することもたくさんあります。アイエンガー教授は、「より良い選択をするため」に、選択をしたときにどんな思考プロセスを経たか、何がうまくいき、何がうまくいかなかったのかを書き出すことを勧めていました。

この「日記」をつけるという方法は有益です。何がうまくいき、何がうまくいかなかったのかを振り返ることは、まさにリフレクションにあたるのです。選択にかぎらず、自分の考えや気づいたこと、経験したことなどを書き出し、振り返ることで、失敗しても別の方法を試すことができ、メタ認知の鍛錬につながります。たとえば、第5章で紹介したように、コミュニケーションに齟齬が生じたとき、なぜうまくいかなかったのかをリフレクションすることで（たとえば、伝達意図の表し方に問題はなかったかと振り返る）、コミュニケーション力が伸びていくと思われます。

メタ認知力を伸ばす方法

次に、子どもへの教育場面に戻って、大人が子どものメタ認知力を伸ばすには何ができるか、その具体的な方法を、社会的場面のみならず一般的な教育場面も交えながら考えてみましょう。

第一は、「復習の機会を設ける」ことです。たとえば、大学での授業は、「週一回90分」が基本で、私は毎回、最初の10分ほどを前回（一週間前）の要点の復習にあてています。大学といえども、学生が自発的に復習するとはかぎりません。そこで、学生はこの最初の10分で、一週間前の授業で学習したことのうち、「自分が覚えていること」と「覚えていないこと」を意識することになります。これはメタ認知的活動の活性化につながります。さらに、一週間も経つと忘れていることが多いため（そのことに「愕然とした」という感想を学生から頻繁に聞きます）、この復習を通して、「人間の記憶はなんと弱いものだろう」と知ってもらう絶好の機会にもなります。これは、「人間は忘れやすい」という認知の一般的傾向の知識をもつことになり、メタ認知的知識の育成につながります。このように、わずかな時間の復習であっても、リフレクションの機会となり、その効果は大きく有効であるのです。この復習、つまり繰り返すということの大切さは社会的場面でも同様です。第４章で、子どもに「他者の気持ちに気づかせる」という指導を「繰り返し行う」という地道な教育が重要であると述べました。そこで述べたことは、この復習が子どものメタ認知を促すという点からも支持していただけるでしょう。

第二は、「まとめのことばを入れていく」ことです。たとえば、学校の授業でも「ここまで良いかな？」「ここまでをおさらいするね」といったことばをはさむことで、子どもたちはただ聞いている状態から、それまでに学んだ内容を振り返る状態に切り替わり、リフレクションが促されます（メタ認知的活動の活性化）。それにより、自分が理解していることと理解できていないことの違いに注意が向きます。こうしたちょっとした言葉が、子どもを「認知モード」から「メタ認知モード」に切り替え、効果を生み出すのです。このことは、社会的場面について指導をする場合も同様です。

第三に、「あらたに気づいたことや学んだことを思い出し、自分のことばでまとめてもらう」ことです。これも、リフレクションの機会になり、学んだ内容が定着しやすくなります。残念ながら、意図的に問われないと、人間はわざわざ深く考えようとはしない傾向があります。リフレクションの機会は、こうした受け身の姿勢からの脱却につながり、学んだ内容の定着に有益です。他者の気持ちについても、子ども自身に振り返ってもらうことで、あらたな気づきが定着に向かうのです。

第四に、小学校の中高学年ぐらいからはグループディスカッションの機会を設けることも有益と思われます。前述のように、他者からの指摘で初めて自分の認知傾向に気づけることが多々ありますし、グループ内のほかのメンバーにもわかるように自分の意見を言わねばならないという制約が、他者の心の状態へ注意が向くきっかけとなり、心の理論の発達や適切な働かせ方を促すことになるでしょう。

このように、子どものメタ認知を促す教育の工夫はいくつもありえます。このような機会を設けていくことで、たとえば「自分は他者の気持ちを知ろうとしていなかった」というメタ認知的活動が促されるだけでなく、「私は、他者の気持ちに敏感でない」「私は、ほかの人の考えまではわかるが、その人がまた別の人の気持ちを考えている場面を推測するのが苦手だ（＝私は、二次の心の理論を働かせるのが苦手だ）」「人間は、忙しいときは他者の視点に立ちにくいものだ」といったメタ認知的知識をたくさん蓄積していくことでしょう。また、どのような場面で人は傷ついたり、喜んだりするのか、そしてそれを隠そうとするのか（第3章で紹介した表出ルールの理解にかかわります）、さらには、「どのようなときに人は『さらに別の人が考えている』ことを考えながら行動を変えているのか」ということもしだいにわかるようになり、コミュニケーションが円滑になっていくのです。

大切なことは、大人の側も「メタ認知を働かせることを意識する」ことです。自分の頭の中の情報処理過程を言語化することも効果的ですし、大人自身の経験などもふまえながら、心の理論がうまく働いていなかった場合や、その場に応じた柔軟なコミュニケーションの効果的な方法、誤解しやすい傾向といったことを教示していくことも有益です。

ここで紹介してきたことを、教員免許状更新講習でお話ししたところ、ある小学校の現職の先生から次のような感想をいただきました。

小学六年生の児童で通常学級に在籍しているが、友だちとのトラブルが絶えない児童を担任したことがある。典型的なトラブルとしては、友だちからのからかいや冗談、軽口を真に受けて、怒ったり、落ち込んだりということが多かった。すなわち、この児童は友だちの行動の意図や裏側の気持ちなどをうまく想定できていない。心の理論がうまく機能していないと考えられる。この児童に対して、保護者と相談し、相手の意図や言葉の裏を読み取ることが苦手なことを自覚させ、こういう場合には、こうしたほうがいい、こういう冗談にはこう返す手がある、嫌なことはすぐ相手に向けず、母親や先生に伝えるなどといった技術的なことを教えていった。うまくいった点、いかなかった点ともにあるが、今考えると、メタ認知的知識を獲得させたり、メタ認知的活動を促していたと思われる。このように学習に関する問題、生徒指導に関する問題ともに、心の理論をもとにした理解とメタ認知を活用した手立てが有効であると思われる。

第2章と第3章で紹介したように、小学六年生くらいになると、心の理論がかなり発達して、冗談やからかいも高度化し、ときには悪質になります。その一方で、心の理論の発達が遅れ、ついていけない子どももいることから、このようなトラブルも多くなるのです。この感想を記された先生は、「相手の意図や言葉の裏を読み取ることが苦手なことを自覚させ」るという点で、この児童のメタ認知を促しているほか、「うまくいった点、いかなかった点を考える」という作業がリフレクションに相当し、この先生自身のメタ認知も促しており、より良い教育が生まれていくことにつながると思われます。

まとめ

本章では、子どもにとっても大人にとっても重要なこととして、メタ認知に焦点化し、社会的場面のみならず多面的に検討してきました。

最後に、もう一点補足しておきたいことがあります。それは「メタ認知ができても、正確に働くとはかぎらない」という点です。社会的場面でいえば、「私は人の気持ちを読み取るのが得意だ」というメタ認知（的知識）があっても、それは勘違いということもありえます。そのような人は、日常生活でも、誤った他者理解やおせっかいをするなどトラブルが絶えないでしょう。単にメタ認知ができるだけでなく、正確に働かせることが大事なのです。[193]

本章の冒頭であげた『相棒』の右京さんも、単にメタ認知ができるのではなく、正確に働いているからこそ、難事件を解決できるのだと思います。一方、右京さんの初代のパートナーであった亀山さん（亀山薫元巡査部長）はメタ認知が十分に働いていなかったようです。事件解決につながることを何気なく口にすることが時々ありましたが、自分でそれが重要であることに気づけません。二代目の相棒であった神戸さん（神戸尊警部補）は、メタ認知がうまく働いていたように感じます。三代目のカイトさん（甲斐享巡査部長）は、その中間といったところでしょうか。[vi]

本書のプロローグで紹介した映画『アパートの鍵貸します』のバクスターも同様です。バクスターは、自分が秘かに心を寄せているフランが上司の不倫相手と知って、絶望しただけでなく、すべては「都合よく物事をとらえる自分の思考の軽薄さ」が原因なのだとメタ認知したことを紹介しました。

その後のバクスターは、行動に移します。クビを覚悟で、シェルドレイクに「もう鍵は渡せない」と言うのです。バクスターは、一見軽薄に見えますが、もともと心の理論と実行機能の能力が高い人です。だからこそ、フランとシェルドレイクの関係に気づき、フランの幸せを願って、自分は悪者であることを匂わすような心にもないことも言ってしまいます。そのバクスターは、単にメタ認知するだけでなく、それを正確に働かせ、かつ行動に移すことで、自分の過去に決別することができるのです。

メタ認知力を高めることは、日常生活でも実践できます。このような文章を書いている私自身、メタ認知力が決して高いわけではありません。しかし、認知バイアスを学び、メタ認知を意識するようになって、同じミスを繰り返すことが減りましたし、世の中の見え方も変わってきたように感じます。

こうした日常生活でのメタ認知に関する意識の積み重ねが、子どもの社会性やコミュニケーション力を高め、大人自身もより良い指導を生みだすことにつながります。[vii] 心の理論と実行機能の発達に加えて、メタ認知を育むことで、人間らしい社会性がめばえ、その場に応じた柔軟なコミュニケーション力も身についていくのです。

註

i　子どものメタ認知について、ビョークランドらはおもしろい視点を提起しています。[11] 一般にメタ認知が高まるほどよい面が増えることは、この章でも説明するとおりですが、子どものメタ認知が未熟であることは、もしかすると適応的なのではないかということを示唆しています。メタ認知が働かないことで、自分の能力について過剰に確信をもってしまい、困難な課題に没頭し続けたり、あらたなことに挑戦していったりできるのです。大人ではメタ認知が働き過ぎることで、必要以上に思いとどまり、結果としてあらたな気づきに出会う機会を失っているのかもしれません。

ii　カーネマンの著作のタイトル『ファスト&スロー』はここからきています。[70]

iii　ここでの「自己中心的」という言葉には、利己的だといったニュアンスはありません。単に、他者の視点に立ちにくいというレベルで使われています。

iv　「心の理論」それ自体、必要以上に心というものを付与してしまう傾向があることから、認知バイアスと考えることも可能と示唆されています[53]。

v　このことに関連して、幼児は、他者や自己の望ましくない特性が望ましい方向に変化すると考える楽天的な傾向が強いことも知られています[97]。これを素朴楽天主義とよびます[120]。

vi　本書を執筆中に、カイトさんも特命係を「卒業」しました。四代目の相棒の冠城亘さんについても、その人物のメタ認知力が高いか低いかという点に着目するとおもしろそうです。

vii　メタ認知は「思い込み」を防ぐことにもなり、クリティカルシンキング（批判的思考）の育成にもつながります[86][195]。また本章では、社会的場面を中心にメタ認知を紹介してきましたが、メタ認知を促すことは学習場面においてもとても有益です。この点については、『大学生のためのリサーチリテラシー入門』[193]を参照していただければと思います。

あとがき

本書は、子どもの社会性にかかわる認知発達に焦点をあて、前任校の岡山大学と現在の勤務校である神戸大学での約七年半の間に学び、考え、研究してきたことの一部をまとめたものです。いま振り返りますと、二〇〇八年に岡山大学に着任してから、私は自分の考え方や人生観が大きく変わったように感じます。所属先が教員養成系の大学院・学部（教育学研究科・教育学部）であったこともあり、教育の場でご活躍されているさまざまな方々と交流をさせていただく機会が一気に増えました。

その一つは、ベネッセコーポレーションとの批判的思考に関する共同研究です。この共同研究は京都大学の楠見孝先生からお誘いいただいたもので、そこで学んだ成果を発展させて、岡山大学の山田剛史先生と共著で『大学生のためのリサーチリテラシー入門』（ミネルヴァ書房）を出版することができました。

もう一つが本書にかかわることです。ゼミ生をはじめ多くの学生が幼稚園や小学校などの教員になることで教育への関心がますます深まっただけでなく、光栄なことに、教育委員会、幼児教育や学童保育の組織などから講演の依頼を多数受けるようになりました。神戸大学では、学際的な大学院・学部（人間発達環境学研究科・発達科学部）に所属することとなりましたが、引き続き広く人間や教育に関心のある学生を教えており、教育にかかわる組織や公立図書館などからも講演の機会をいただいています。

このような一般の方々向け、および教育に携わる方々向けの講演等で依頼されるテーマは多様なもので、私にとって未知なものもありましたが、新しいテーマをいただくたびに、どうすれば研究と教育実践、あるいは研究と日常生活がつながり、教育現場や一般の方々に喜んでいただけるか、さまざまに考える貴重な機会となりました。また、授業やゼミ活動を通じて、学生と一緒に学び、考える楽しさがますます増大しました。そのような折、幸運にも金子書房から本書の執筆のお誘いをいただき、私なりに考え、経験したことをわかりやすく伝えるテキストを書いてみたいという思いがめばえました。

このような背景から、本書では日常場面や教育との関連をかなり前面に出すことを意図しました。また、さまざまな心理学の概念と研究を紹介していますが、その前後では概念をイメージしやすくするために、映画やドラマなどのシーンを盛り込むことで、できるだけ読みやすいものにしようと心がけました。こうした試みによって本書が親しみをもって手にとっていただけるものになっていましたらうれしく存じます。

本書が一冊にまとまるまでには、たいへん多くの方にお世話になりました。前述のように、本書はゼミ生や学生、教育現場の方々や一般の方々とともに考え、教えていただいたことの賜物です。神戸大学と岡山大学の先生方をはじめ、多くの研究者の先生方からもご示唆賜りました。お世話になったみなさまに厚く御礼を申し上げたいと思います。

本書の第4章と第6章は、ミネルヴァ書房の雑誌『発達』一二七号と一三〇号に執筆させていただいた原稿をもとに、大幅に加筆修正したものです。本書での使用の許可をいただけましたミネルヴァ書房の編集部のみなさまにも深く御礼申し上げます。

イラストは、金子書房よりご紹介いただいた岡田真理子さんにその多くを描いていただきましたが、神戸大学と岡山大学での私のゼミ生に在学時に描いてもらったものも一部あります。岡田さんとゼミ生の方々には、私のイメージどおり素敵なイラストに仕上げてくださったことを感謝しております。

本書の刊行に際しては、金子書房編集部の井上誠さんと渡部淳子さんにたいへんお世話になりました。執筆が遅れがちの私をいつも励まし、ていねいに編集作業を進めていただきましたことに心より御礼申し上げます。

最後に、本書に関心を示してくださって、最後までお読みくださいました読者のみなさまに深く感謝申し上げます。心理学は本当におもしろくて役立つ素晴らしい学問です。本書を通じて、「子どもの社会的な心の発達」のおもしろさと奥の深さを少しでも感じていただければ、たいへんうれしく存じます。

二〇一五年十一月

林　創

引用文献

[1] 赤木和重（2012）. 教える行動の発達と障害　清水由紀・林 創（編著）他者とかかわる心の発達心理学——子どもの社会性はどのように育つか（pp.147-164）金子書房

[2] Alloway, T. P., McCallum, F., Alloway, R. G., & Hoicka, E. (2015). Liar, liar, working memory on fire: Investigating the role of working memory in childhood verbal deception. *Journal of Experimental Child Psychology, 137,* 30-38.

[3] Ariely, D. (2008). *Predictably Irrational.* Harper Collins. 熊谷淳子（訳）（2010）. 予想どおりに不合理（増補版）早川書房

[4] Astington, J. W. (1993). *The child's discovery of the mind.* Cambridge, MA: Harvard University Press.　松村暢隆（1995）. 子供はどのように心を発見するか——心の理論の発達心理学　新曜社

[5] Astington, J. W. (2004). Bridging the gap between theory of mind and moral reasoning. *New Directions for Child and Adolescent Development, 103,* 63-72.

[6] Baillargeon, R., Scott, R. M., & He, Z. (2010). False-belief understanding in infants. *Trends in Cognitive Sciences, 14,* 110-118.

[7] Baron-Cohen, S. (1995). *Mindblindness: An essay on autism and theory of mind.* Cambridge, MA: MIT Press. 長野　敬・今野義孝・長畑正道（訳）（1997）. 自閉症とマインド・ブラインドネス　青土社

[8] Baron-Cohen, S., Leslie, A., & Frith, U. (1985). Does the autistic child have a "theory of mind"? *Cognition, 21,* 37-46.

[9] Behne, T., Carpenter, M., Call, J., & Tomasello, M. (2005). Unwilling versus unable: infants' understanding of intentional action. *Developmental Psychology, 41,* 328-337.

[10] Behne, T., Carpenter, M., & Tomasello, M. (2005). One-year-olds comprehend the communicative intentions behind gestures in a hiding game. *Developmental Science, 8,* 492-499.

[11] Bjorklund, D. F., & Green, B. L. (1992). The adaptive nature of cognitive immaturity. *American Psychologist, 47,* 46-54.

[12] Bronson, P., & Merryman, A. (2009). *Nurtureshock: Why everything we think about raising our children is wrong.* New York: Random House. 小松淳子（訳）(2011). 間違いだらけの子育て――子育ての常識を変える 10 の最新ルール　インターシフト
[13] Broomfield, K. A., Robinson, E. J., & Robinson, W. P. (2002). Children's understanding about white lies. *British Journal of Developmental Psychology, 20*, 47-65.
[14] Bryce, D., Whitebread, D., & Szűcs, D. (2015). The relationships among executive functions, metacognitive skills and educational achievement in 5 and 7 year-old children. *Metacognition and Learning, 10*, 181-198.
[15] Bussey, K. (1992). Lying and truthfulness: Children's definitions, standards, and evaluative reactions. *Child Development, 63*, 129-137.
[16] Bussey, K. (1999). Children's categorization and evaluation of different types of lies and truths. *Child Development, 70*, 1338-1347.
[17] Buttelmann, D., Carpenter, M., & Tomasello, M. (2009). Eighteen-month-old infants show false belief understanding in an active helping paradigm. *Cognition, 112*, 337-342.
[18] Buttelmann, D., Over, H., Carpenter, M., & Tomasello, M. (2014). Eighteen-month-olds understand false beliefs in an unexpected-contents task. *Journal of Experimental Child Psychology, 119*, 120-126.
[19] Carlson, S. M., & Moses, L. J. (2001). Individual differences in inhibitory control and children's theory of mind. *Child Development, 72*, 1032-1053.
[20] Carlson, S. M., Moses, L. J., & Breton, C. (2002). How specific is the relation between executive function and theory of mind? Contributions of inhibitory control and working memory. *Infant and Child Development, 11*, 73-92.
[21] Chandler, M., Fritz, A.S., & Hala, S. (1989). Small-scale deceit: deception as a marker of two-, three-, and four-year-olds' early theories of mind. *Child Development, 60*, 1263-1277.
[22] Cheney, D. L., & Seyfarth, R. M. (1990). *How monkeys see the world: Inside the mind of another species.* University of Chicago Press: Chicago.
[23] Choi, Y., & Luo, Y. (2015). 13-month-olds' understanding of social interactions. *Psychological Science. 26*, 274-283.

[24] Cosmides, L. (1989). The logic of social exchange: Has natural selection shaped how humans reason? Studies with the Wason selection task. *Cognition, 31*, 187-276.

[25] Csibra, G., & Gergely, G. (2009). Natural pedagogy. *Trends in Cognitive Science, 13*, 148-153.

[26] DePaulo, B. M., & Jordan, A. (1982). Age changes in deceiving and detecting deceit. In R. S. Feldman (Ed.), *Development of nonverbal behavior in children* (pp. 151-180). New York: Springer-Verlag.

[27] Dunlosky, J., & Metcalfe, J. (2009). *Metacognition.* San Francisco: Sage Publications. 湯川良三・金城　光・清水寛之（訳）(2010). メタ認知　基礎と応用　北大路書房

[28] Ekman, P. (1989). *Why kids lie: How parents can encourage truthfulness.* New York: Scribner. 菅　靖彦（訳）(2009). 子どもはなぜ嘘をつくのか　河出書房新社

[29] Esken, F. (2012). Early forms of metacognition in human children. In M. J. Beran, J. L. Brandl, J. Perner & J. Proust (Eds), *Foundations of Metacognition* (pp. 134-145). Oxford: Oxford University Press.

[30] Evans, A. D., & Lee, K. (2013). Emergence of lying in very young children. *Developmental Psychology, 49*, 1958-1963.

[31] Feinfield, K. A., Lee, P. P., Flavell, E. R., Green, F. L., & Flavell, J. H. (1999). Young children's understanding of intention. *Cognitive Development, 14*, 463-486.

[32] Flavell, J., Green, F., & Flavell, E. (1986). Development of knowledge about the appearance-reality distinction. *Monographs of the Society for Research in Child Development, 51*, 1-87.

[33] 藤澤　文 (2015). 道徳的判断　有光興記・藤澤　文（編）モラルの心理学――理論・研究・道徳教育の実践 (pp. 2-37)　北大路書房

[34] 藤田和生 (1998). 比較認知科学への招待――「こころ」の進化学　ナカニシヤ出版

[35] 船山泰範 (2000). 刑法がわかった　改訂版　法学書院

[36] Gerstadt, C. L., Hong, Y. J., & Diamond, A. (1994). The relationship between cognition and action: Performance of children 3.5-7 years old on a Stroop-like day-night test. *Cognition, 53*, 129-153.

[37] Gouzoules, H. T., Gouzoules, S. M., & Ashley, J. (1995). Representational signaling in nonhuman primate vocal communication. In E. Zimmermann, J. Newman, & U. Juergens (Eds.), *Current topics in primate vocal communication* (pp.235-252). New York Plenum Press.

[38] Grainger, C., Williams, D. M., & Lind, S. E. (2014). Metacognition, metamemory, and mindreading in high-functioning adults with autism spectrum disorder. *Journal of Abnormal Psychology, 123,* 650-659.

[39] Greene, J., Sommerville, R. B., Nystrom, L. E., Darley, J. M., & Cohen, J. D. (2001). An fMRI investigation of emotional engagement in moral judgment. *Science, 293,* 2105-2108.

[40] Grice, P. (1975). *Logic and conversation.* In P. Cole & J. Morgan (Eds.), *Syntax and semantics 3: Speech acts* (pp.41-58). Academic Press.

[41] Grosse, G., Scott-Phillips, T. C., & Tomasello, M. (2013). Three-year-olds hide their communicative intentions in appropriate contexts. *Developmental Psychology, 49,* 2095-2101.

[42] Grueneisen, S., Wyman, E., & Tomasello, M. (2015). "I know you don't know I know..." Children use second-order false-belief reasoning for peer coordination. *Child Development, 86,* 287-293.

[43] Haidt, J. (2001). The emotional dog and its rational tail: A social intuitionist approach to moral judgment. *Psychological Review, 108,* 814-834.

[44] Haidt, J. (2012). The righteous mind: Why good people are divided by politics and religion. New York: Pantheon Books. ジョナサン・ハイト 高橋洋（訳）(2014). 社会はなぜ左と右にわかれるのか――対立を超えるための道徳心理学　紀伊國屋書店

[45] Haidt, J., & Baron, J. (1996). Social roles and the moral judgment of acts and omissions. *European Journal of Social Psychology, 26,* 201-218.

[46] Hamlin, J. K. (2013a). Moral judgment and action in preverbal infants and toddlers: Evidence for an innate moral core. *Current Directions in Psychological Science, 22,* 186-193.

[47] Hamlin, J. K. (2013b). Failed attempts to help and harm: Intention versus outcome in preverbal infants' social evaluations. *Cognition, 128,* 451-474.

[48] Hamlin, J.K. (2014). Context-dependent social evaluation in 4.5-month-old human infants: The role of domain-general versus domain-specific processes in the development of social evaluation. *Frontiers in Psychology, 5*, 614.

[49] Hamlin, J. K., &Wynn, K. (2011). Young infants prefer prosocial to antisocial others. *Cognitive Development, 26*, 30-39.

[50] Hamlin, J. K., Wynn, K., & Bloom, P. (2007). Social evaluation by preverbal infants. *Nature, 450*, 557-559.

[51] Hamlin, J. K., Wynn, K., & Bloom, P. (2010). Three-month-olds show a negativity bias in their social evaluations. *Developmental Science, 13*, 923-929.

[52] 長谷川眞理子 (2002). ヒトという不思議な生物　長谷川眞理子（編）ヒト，この不思議な生き物はどこから来たのか　第1部（pp.9-71）ウェッジ

[53] 橋彌和秀（2010）. 意図性帰属の勾配——他者に意図性を帰属することの起源　木村大治・中村美知夫・高梨克也（編）インタラクションの境界と接続（pp.69-84）　昭和堂

[54] Haugaard, J. J., Reppucci, N. D., Laird, J., & Nauful, T. (1991). Children's definitions of the truth and their competency as witnesses in legal proceedings. *Law and Human Behavior, 15*, 253-271.

[55] Hauser, M. D. (2006). *Moral minds: How nature designed our universal sense of right and wrong.* New York: Ecco/Harper Collins.

[56] 林　創 (2002). 児童期における再帰的な心的状態の理解　教育心理学研究, 50, 43-53.

[57] Hayashi, H. (2007). Children's moral judgments of commission and omission based on their understanding of second-order mental states. *Japanese Psychological Research, 49*, 261-274.

[58] 林　創 (2008). 再帰的事象の認識とその発達に関する心理学的研究　風間書房

[59] Hayashi, H. (2010). Young children's moral judgments of commission and omission related to the understanding of *knowledge* or *ignorance*. *Infant and Child Development, 19*, 187-203.

[60] 林　創 (2012). 人の行為の良い悪いのとらえ方　清水由紀・林　創（編）他者とかかわる心の発達心理学——子どもの社会性はどのように育つか（pp.75-92）　金子書房

[61] 林　創 (2013). 嘘の発達　村井潤一郎 (編) 嘘の心理学　ナカニシヤ出版
[62] Hayashi, H. (2015). Omission bias and perceived intention in children and adults. *British Journal of Developmental Psychology, 33,* 237-251.
[63] Hayashi, H. (2017). Young children's difficulty with deception in a conflict situation. *International Journal of Behavioral Development, 41,* 175-184.
[64] 林　創・瀬野裕子 (2011). 児童期における感情表出の理解　日本教育心理学会第52回総会発表論文集, 384.
[65] Hayashi, H., & Shiomi, Y. (2015). Do children understand that people selectively conceal or express emotion? *International Journal of Behavioral Development, 39,* 1-8.
[66] Hider, F., & Zimmel, M. (1944). An experimental study of apparent behavior. *American Journal of Psychology, 57,* 243-259.
[67] 堀田秀吾 (2014). なぜ，あの人の頼みは聞いてしまうのか？——仕事に使える言語学　ちくま新書
[68] 板倉昭二 (2007). 心を発見する心の発達　京都大学学術出版会
[69] 岩男卓実・植木理恵 (2007). メタ認知と学習観——学習を振り返り，コントロールする意義　藤田哲也 (編著) 絶対役立つ教育心理学——実践の理論，理論を実践 (pp. 101-115)　ミネルヴァ書房
[70] Kahneman, D. (2011). *Thinking fast and slow.* London: Penguin Books. カーネマン，D. 村井章子 (訳) 友野典男 (解説) (2012). ファスト&スロー　早川書房
[71] 上地雄一郎 (2015). メンタライジング・アプローチ入門——愛着理論を生かす心理療法　北大路書房
[72] Kanakogi, Y., Okumura, Y., Inoue, Y., Kitazaki, M., & Itakura, S. (2013). Rudimentary sympathy in preverbal Infants: Preference for others in distress. *PLoS ONE, 8*(6), e65292.
[73] 金沢　創 (1999). 他者の心は存在するか——〈他者〉から〈私〉への進化論　金子書房
[74] 勝間和代 (2011). ズルい仕事術　ディスカヴァー・トゥエンティワン
[75] 菊野春雄 (2010). 子どもの嘘と心の理論：演繹仮説と帰納仮説の検討　大阪樟蔭女子大学人間科学研究紀要, 9, 185-192.
[76] Killen, M., Mulvey, K. L., Richardson, C., Jampol, N., & Woodward, A. (2011). The accidental transgressor: Morally-relevant theory of mind.

Cognition, 119, 197-215.

[77] 木下孝司・久保加奈（2010）. 幼児期における教示行為の発達——日常保育場面の観察による検討　心理科学, 31, 1-22.

[78] 岸本　健（2012）. 指さしの芽生えと言葉の発達　清水由紀・林 創（編）（2012）. 他者とかかわる心の発達心理学——子どもの社会性はどのように育つか（pp.3-19）　金子書房

[79] Knobe, J. (2005). Theory of mind and moral cognition: Exploring the connections. *Trends in Cognitive Sciences, 9*, 357-359.

[80] Kochanska, G., Murray, K., & Coy, K. C. (1997). Inhibitory control as a contributor to conscience in childhood: From toddler to early school age. *Child Development, 68*, 263-277.

[81] Kochanska, G., Murray, K., Jacques, T. Y., Koenig, A. L., & Vandegeest, K. A. (1996). Inhibitory control in young children and its role in emerging internalization. *Child Development, 67*, 490-507.

[82] Kohlberg, L. (1969). Stage and sequence: the cognitive-developmental approach to socialization. In D. A. Goslin (Ed.), *Handbook of socialization theory and research* (pp. 347-480). Chicago: Rand McNally.

[83] 子安増生（2000）. 心の理論——心を読む心の科学　岩波書店

[84] Kreutzer, M. A., Leonard, C., & Flavell, J. H. (1975). An interview study of children's knowledge about memory. *Monographs of the Society for Research in Child Development, 40*, 1-60.

[85] Kurzban, R. (2010). *Why everyone (else) is a hypocrite: Evolution and the modular mind.* Princeton, NJ: Princeton University Press. クルツバン, R. 高橋　洋（訳）（2014）. だれもが偽善者になる本当の理由　柏書房

[86] 楠見　孝・道田泰司（編）（2015）. ワードマップ　批判的思考——21世紀を生きぬくリテラシーの基盤　新曜社

[87] Lane, J. D., Wellman, H. N., Olson, S. L., LaBounty, J., & Kerr, D. C. R. (2010). Theory of mind and emotion understanding predict moral development in early childhood. *British Journal of Developmental Psychology, 28*, 871-889.

[88] Lee, K., Talwar, V., McCarthy, A., Ross, I., Evans, A., & Arruda, C. (2014). Can classic moral stories promote honesty in children? *Psychological Science, 25*, 1630-1636.

[89] Leekam, S. (1991). Jokes and lies: Children's understanding of intentional falsehood. In A. Whiten (Ed.), *Natural theories of mind: Evolution, development and simulation of everyday mindreading* (pp.159-174). Oxford: Basil Blackwell.

[90] Leekam, S. (1992) Believing and deceiving: Steps to becoming a good liar. In S. J. Ceci, M. D. Leichtman & M. E. Putnick (Eds.), *Cognitive and social factors in early deception* (pp.47-62). Hillsdale, NJ: Erlbaum.

[91] Leekam, S. R., & Prior, M. (1994). Can autistic children distinguish lies from jokes? A second look at second-order belief attribution. *Journal of Child Psychology & Psychiatry, 35*, 901-915.

[92] Leslie, A. M., Knobe, J., & Cohen, A. (2006). Acting intentionally and the side-effect effect: theory of mind and moral judgment. *Psychological Science, 17*, 421-427.

[93] Lewis, M., Stanger, C., & Sullivan, M. (1989). Deception in 3-year-olds. *Developmental Psychology, 25*, 439-443.

[94] Lin, S., Keysar, B., & Epley, N. (2010). Reflexively mindblind: Using theory of mind to interpret behavior requires effortful attention. *Journal of Experimental Social Psychology, 46*, 551-556.

[95] Liszkowski, U., Albrecht, K., Carpenter, M., & Tomasello, M. (2008). Infants' visual and auditory communication when a partner is or is not visually attending. *Infant Behavior and Development, 31*, 157-167.

[96] Liszkowski, U., Carpenter, M., & Tomasello, M. (2008). Twelve-month-olds communicate helpfully and appropriately for knowledgeable and ignorant partners. *Cognition, 108*, 732-739.

[97] Lockhart, K. L., Nakashima, N., Inagaki, K., & Keil, F. C. (2008). From ugly duckling to swan? Japanese and American beliefs about the stability and origins of traits. *Cognitive Development, 23*, 155-179.

[98] Lockl, K., & Schneider, W. (2007). Knowledge about the mind: Links between theory of mind and later metamemory. *Child Development, 78*, 148-167.

[99] Lyon, T. D., Quas, J. A., & Carrick, N. (2013). Right and righteous: Children's incipient understanding and evaluation of true and false statements. *Journal of Cognition and Development, 14*, 437-454.

[100] Maehara, Y., & Saito, S. (2011). I see into your mind too well: Working memory adjusts the probability judgment of others' mental states. *Acta Psychologica, 138*, 367-376.
[101] 松井智子 (2009). 知識の呪縛からの解放　開一夫・長谷川寿一 (編) ソーシャルブレインズ――自己と他者を認知する脳 (pp.217-242) 東京大学出版会
[102] 松井智子 (2011). 子どもの「ミス・コミュニケーション」と心の理論の発達　岡本真一郎 (編著) ミス・コミュニケーション――なぜ生ずるか どう防ぐか (pp.41-64)　ナカニシヤ出版
[103] 松井智子 (2013a). 訳者解説とあとがき　トマセロ, M.　松井智子・岩田彩志 (訳) コミュニケーションの起源を探る (pp.311-331)　勁草書房
[104] 松井智子 (2013b). 子どものうそ, 大人の皮肉――ことばのオモテとウラがわかるには　岩波書店
[105] Matsui, T., Miura, Y., & Suenaga, F. (2007). *A new "helping" task demonstrates children's implicit understanding of false belief.* Society for Research in Child Development, Boston, USA.
[106] 松沢哲郎 (2002). 進化の隣人 ヒトとチンパンジー 岩波新書
[107] Melis, A. P., Call, J., & Tomasello, M. (2010). 36-month-olds conceal visual and auditory information from others. *Developmental Science, 13*, 479-489.
[108] Meng, X., & Hashiya, K. (2014). Pointing behavior in infants reflects the communication partner's attentional and knowledge states: A possible case of spontaneous informing. *PLoS ONE, 9*, e107579.
[109] Mischel, W. (2014). *The marshmallow test: Mastering self-control.* New York: Little, Brown and Company.　ミシェル, W.　柴田裕之 (訳) (2015). マシュマロ・テスト 早川書房
[110] Miyake, A., Friedman, N. P., Emerson, M. J., Witzki, A. H., Howerter, A., & Wager, T. (2000). The unity and diversity of executive functions and their contributions to complex "frontal lobe2 tasks: A latent variable analysis. *Cognitive Psychology, 41*, 49-100.
[111] 溝川　藍 (2013). 幼児期・児童期の感情表出の調整と他者の心の理解――対人コミュニケーションの基礎の発達　ナカニシヤ出版
[112] 茂木健一郎 (2009). 脳は0.1秒で恋をする――「赤い糸」の科学　PHP研究所

[113] Moore, R., Mueller, B., Kaminski, J., & Tomasello, M. (2015). Two-year-old children but not domestic dogs understand communicative intentions without language, gestures, or gaze. *Developmental Science, 18*, 232-242.

[114] 森口佑介 (2008). 就学前期における実行機能の発達　心理学評論, 51, 447-459.

[115] 森口佑介 (2012). わたしを律するわたし　京都大学学術出版会

[116] Müller, U., Liebermann-Finestone, D. P., Carpendale, J. I. M., Hammond, S. I., & Bibok, M. B. (2012). Knowing minds, controlling actions: The developmental relations between theory of mind and executive function from 2 to 4 years of age. *Journal of Experimental Child Psychology, 111*, 331-348.

[117] 内藤美加 (2011). "心の理論" の概念変化——普遍性から社会文化的構成へ　心理学評論, 54, 249-263.

[118] Naito, M., & Koyama, K. (2006). The development of false-belief understanding in Japanese children: Delay and difference? *International Journal of Behavioral Development, 30*, 290-304.

[119] Naito, M., & Seki, Y. (2009). The relationship between second-order false belief and display rules reasoning: The integration of cognitive and affective social understanding. *Developmental Science, 12*, 150-164.

[120] 中島伸子・稲垣佳世子 (2007). 幼児の楽天主義：特性の変容可能性についての信念の発達　新潟大学教育人間科学部紀要, 8, 229-240.

[121] Needham, A., & Baillargeon, R. (1993). Intuitions about support in 4.5-month-old infants. *Cognition, 47*, 121-148.

[122] Nelson, S. A. (1980). Factors influencing young children's use of motives and outcomes as moral criteria. *Child Development, 51*, 823-829.

[123] 小川絢子・子安増生 (2008). 幼児における「心の理論」と実行機能の関連性：ワーキングメモリと葛藤抑制を中心に　発達心理学研究, 19, 171-182.

[124] 岡本真彦 (2001). メタ認知　森　敏昭 (編著) おもしろ思考のラボラトリー (pp.139-160)　北大路書房

[125] Okanda, M., & Itakura, S. (2010). When do children exhibit a yes bias? *Child Development, 81*, 568-580.

[126] Onishi, K. H., & Baillargeon, R. (2005). Do 15-month-old infants understand false beliefs? *Science, 308*, 255-258.

[127] Pellizzoni, S., Siegal, M., & Surian, L. (2010). The contact principle and utilitarian moral judgments in young children. *Developmental Science, 13,* 265-270

[128] Perner, J. (2010). Who took the cog out of cognitive science? Mentalism in an era of anticognitivism. In P. A. Frensch & R. Schwarzer (Eds.), *Cognition and neuropsychology: International perspectives on psychological science* (Vol. 1, pp. 241-261). Hove, UK: Psychology Press.

[129] Perner, J., & Wimmer, H. (1985). "John thinks that Mary thinks that...": Attribution of second-order beliefs by 5- to 10-year-old children. *Journal of Experimental Child Psychology, 39,* 437-471.

[130] Peskin, J. (1992). Ruse and representations: On children's ability to conceal information. *Developmental Psychology, 28,* 84-89.

[131] Piaget, J. (1932). *The moral judgment of the child.* New York: Free Press. 大伴 茂（訳）(1956). 児童道徳判断の発達　同文書院

[132] Polak, A., & Harris, P. L. (1999). Deception by young children following non-compliance. *Developmental Psychology, 35,* 561-568.

[133] Powell, N. L., Derbyshire, S. W. G., & Guttentag, R. E. (2012). Biases in children's and adults' moral judgments. *Journal of Experimental Child Psychology, 113,* 186-193.

[134] Premack, D., & Premack, A. J. (1997). Infants attribute value ± to the goal-directed actions of self-propelled objects. *Journal of Cognitive Neuroscience, 9,* 848-856.

[135] Premack, D., & Woodruff, G. (1978). Does the chimpanzee have a theory of mind? *The Behavioral and Brain Sciences, 1,* 515-526.

[136] Repacholi, B. M., & Gopnik, A. (1997). Early reasoning about desires: Evidence from 14- and 18-month-olds. *Developmental Psychology, 33,* 12-21.

[137] 佐伯　胖 (2014). 幼児教育へのいざない——円熟した保育者になるために［増補改訂版］　東京大学出版会

[138] 齊藤　智・三宅　晶 (2014). 実行機能の概念と最近の研究動向　湯澤正通・湯澤美紀（編著）ワーキングメモリと教育 (pp.27-45)　北大路書房

[139] 坂井克之 (2008). 心の脳科学——「わたし」は脳から生まれる　中公新書

[140] 三宮真智子（編著）(2008). メタ認知—学習力を支える高次認知機能

北大路書房
[141] Scarf, D., Imuta, K., Colombo, M., & Hayne, H. (2012). Social Evaluation or Simple Association? Simple Associations May Explain Moral Reasoning in Infants. *PLoS ONE, 7*(*8*), e42698.
[142] Schulze, C., & Tomasello, M. (2015). 18-month-olds comprehend indirect communicative acts. *Cognition, 136*, 91-98.
[143] 千住　淳 (2012). 社会脳の発達　東京大学出版会
[144] 千住　淳 (2013a). 社会脳とは何か　新潮新書
[145] 千住　淳 (2013b). 乳児期の「心の理論」: 赤ちゃんはどこまでわかっている？　発達, 135, 9-16.
[146] 千住　淳 (2014). 自閉症スペクトラムとは何か――ひとの「関わり」の謎に挑む　ちくま新書
[147] Senju, A., Southgate, V., Snape, C., Leonard, M., & Csibra, G. (2011). Do 18-months-olds really attribute mental states to others? A critical test. *Psychological Science, 22*, 878-880.
[148] 瀬野由衣 (2008). 幼児における知識の提供と非提供の使い分けが可能になる発達的プロセスの検討：行為抑制との関連　発達心理学研究, 19, 36-46.
[149] 清水由紀 (2005). パーソナリティ特性推論の発達過程――幼児期・児童期を中心とした他者理解の発達モデル　風間書房
[150] 清水由紀 (2010). 幼児・児童は危険回避行動と向社会的行動のいずれを優先させるか：安全教育のデザインのための基礎的研究　発達心理学研究, 21, 322-331.
[151] 清水由紀 (2012). 子どもの認知する「その人らしさ」清水由紀・林　創 (編) 他者とかかわる心の発達心理学――子どもの社会性はどのように育つか (pp.93-109)　金子書房
[152] 首藤敏元・二宮克美 (2003). 子どもの道徳的自立の発達　風間書房
[153] Shwe, H. I., & Markman, E. M. (1997). Young children's appreciation of the mental impact of their communicative signals. *Developmental Psychology, 33*, 630-636.
[154] Sloane, S., Baillargeon, R., & Premack, D. (2012). Do Infants Have a Sense of Fairness? *Psychological Science, 23*, 196-204.
[155] Smetana, J. G. (1981). Preschool children's conceptions of moral and social rules. *Child Development, 52*, 1333-1336.

[156] Smetana, J. G., Jambon, M., Conry-Murray, C., & Sturge-Apple, M. L. (2012). Reciprocal associations between young children's developing moral judgments and theory of mind. *Developmental Psychology, 48*, 1144-1155.
[157] Sodian, B. (1991). The development of deception in young children. *British Journal of Developmental Psychology, 9*, 173-188.
[158] Sodian, B., Taylor, C., Harris, P., & Perner, J. (1991). Early deception and the child's theory of mind: False trails and genuine markers. *Child Development, 62*, 468-483.
[159] Southgate, V., Senju, A., & Csibra, G. (2007). Action anticipation through attribution of false belief by two-year-olds. *Psychological Science, 18*, 587-592.
[160] Spelke, E. S., & Kinzler, K. (2007). Core knowledge. *Developmental Science, 10*, 89-96.
[161] Sperber, D. (1994). Understanding verbal understanding. In J. Khalfa (Ed.), *What is intelligence?* (pp.179-198) Cambridge, UK: Cambridge University Press. 今井邦彦（訳）(1997). 知のしくみ——その多様性とダイナミズム（pp.263-294） 新曜社
[162] Sperber, D. (2000). Metarepresentations in an evolutionary perspective. In Sperber. D. (Ed.), *Metarepresentations: A multidisciplinary perspective* (pp.117-137). Oxford: Oxford University Press.
[163] Sperber, D., & Wilson, D. (1995). *Relevance: Communication and cognition* (2nd ed.). Oxford: Blackwell. 内田聖二・中逵俊明・宋　南先・田中圭子（訳）(1999). 関連性理論——伝達と認知（第２版）研究社出版
[164] Stanovich, K. E. (2004). The Robot's rebellion: Finding meaning in the age of Darwin. Chicago: The University of Chicago Press. スタノヴィッチ, K. E. 椋田直子（訳）鈴木宏昭（解説）(2008). 心は遺伝子の論理で決まるのか——二重過程モデルでみるヒトの合理性　みすず書房
[165] Stern, C., & Stern, W. (1909). *Erinnerung, Aussage, und Luge in der ersten Kindhei*. Leipzig, Germany: Barth.
[166] Suddendorf, T. (2013). *The gap: The science of what separates us from other animals*. Basic Books. ズデンドルフ , T. 寺町朋子（訳）(2014). 現実を生きるサル 空想を語るヒト——人間と動物をへだてる，たった２つの違い　白揚社

[167] Sullivan, K., Zaitchik, D., & Tager-Flusberg, H. (1994). Preschoolers can attribute second-order beliefs. *Developmental Psychology, 30*, 395-402.
[168] Talwar, V., & Crossman, A. M. (2011). From little white lies to filthy liars: The evolution of honesty and deception in young children. *Advances in Child Development and Behavior, 40*, 139-179.
[169] Talwar, V., & Crossman, A. M. (2012). Children's lies and their detection: Implications for child witness testimony. *Developmental Review, 32*, 337-359.
[170] Talwar, V., Gordon, H. M., & Lee, K. (2007). Lying in elementary school years: Verbal deception and its relation to second-order belief understanding. *Developmental Psychology, 43*, 804-810.
[171] Talwar, V., & Lee, K. (2002). Development of lying to conceal a transgression: children's control of expressive behavior during verbal deception. *International Journal of Behavioral Development, 26*, 436-444.
[172] Talwar, V., & Lee, K. (2008). Social and cognitive correlates of children's lying behavior. *Child Development, 79*, 866-881.
[173] 田中真理（2008）. 自閉症児の“場のよみ”にはいかなるメタ認知が働いているか　現代のエスプリ, 497, 142-151.
[174] 立元　真（2004）. うそをつく　無藤　隆・岡本祐子・大坪治彦（編）よくわかる発達心理学（pp.54-55）　ミネルヴァ書房
[175] Tomasello, M. (1999). *The cultural origins of human cognition*. Harvard University Press. 大堀壽夫・中澤恒子・西村義樹・本多　啓（訳）（2006）. 心とことばの起源を探る――文化と認知　勁草書房
[176] Tomasello, M. (2008). Origins of Human Communication. MIT Press. 松井智子・岩田彩志（訳）（2013）. コミュニケーションの起源を探る　勁草書房
[177] Tomasello, M., Call, J., & Gluckman, A. (1997). The comprehension of novel communicative signs by apes and human children. *Child Development, 68*, 1067-1081.
[178] Turiel, E. (1989). Domain-specific social judgments and domain ambiguities. *Merrill-Palmer Quarterly, 35*, 89-114.
[179] Turiel, E. (2006). The development of morality. In N. Eisenberg, W. Damon, & R. M. Lerner (Eds.), *Handbook of child psychology: Social,*

emotional, and personality development (pp. 789-857). Hoboken, NJ: Wiley.

[180] 瓜生淑子 (2007). うそを求められる場面での幼児の反応：誤信念課題との比較から　発達心理学研究, 18, 13-24.

[181] Vaish, A. M., Carpenter, M., & Tomasello, M. (2010). Young children selectively avoid helping people with harmful intentions. *Child Development, 81*, 1661-1669.

[182] Völlm, B. A., Taylor, A. N., Richardson, P., Corcoran, R., Stirling, J., McKie, S., Deakin. J. F., & Elliott, R. (2006). Neuronal correlates of theory of mind and empathy: A functional magnetic resonance imaging study in a nonverbal task. *NeuroImage, 29*, 90-98.

[183] Wang, C. S., Galinsky, A. D., & Murnighan, J. K. (2009). Bad drives psychological reactions, but good propels behavior: Responses to honesty and deception. *Psychological Science, 20*, 634-644.

[184] Warneken, F., Hare, B., Melis, A.P., Hanus, D., & Tomasello, M. (2007). Spontaneous altruism by chimpanzees and young children. *PLoS Biology, 5*, 1414-1420.

[185] Warneken, F. & Tomasello, M. (2006). Altruistic helping in human infants and young chimpanzees. *Science, 311*, 1301-1303.

[186] Wason, P. C. (1960). On the failure to eliminate hypotheses in a conceptual task. *Quarterly Journal of Experimental Psychology, 12*, 129-140.

[187] Wellman, H. M., Cross, D., & Watson, J. (2001). Meta-analysis of theory-of-mind development: The truth about false belief. *Child Development, 72*, 655-684.

[188] Wimmer, H., Gruber, S., & Perner, J. (1984). Young children's conception of lying: Lexical realism-moral subjectivism. *Journal of Experimental Child Psychology, 37*, 1-30.

[189] Wimmer, H., & Perner, J. (1983). Beliefs about beliefs: Representation and constraining function of wrong beliefs in young children's understanding of deception. *Cognition, 13*, 103-128.

[190] Winner, E., & Leekam, S. (1991). Distinguishing irony from deception: Understanding the speaker's second-order intention. *British Journal of Developmental Psychology, 9*, 257-270.

[191] Woodward, A. L. (1998). Infants selectively encode the goal object of

an actor's reach. *Cognition, 69*, 1-34.
[192] Woodward, A. L., & Hoyne, K. L. (1999). Infants' learning about words and sounds in relation to objects. *Child Development, 70*, 65-77.
[193] 山田剛史・林　創 (2011). 大学生のためのリサーチリテラシー入門——研究のための8つの力　ミネルヴァ書房
[194] 矢野喜夫 (1992). うその発達　発達, 52, 9-16.
[195] 吉田寿夫 (2002). 人についての思い込みⅠ　北大路書房
[196] Yuill, N. (1984). Young children's coordination of motive and outcome in judgments of satisfaction and morality. *British Journal of Developmental Psychology, 2*, 73-81.
[197] Yussen, S. R., & Levy, V. M. (1975). Development changes in predicting one's own span of short-term memory. *Journal of Experimental Child Psychology, 19*, 502-508.
[198] Zalla, T., Miele, D., Leboyer, M., & Metcalfe, J. (2015). Metacognition of agency and theory of mind in adults with high functioning autism. *Consciousness and Cognition, 31*, 126-138.

読書ガイド

近年，社会性の認知発達に関する素晴らしいテキストが次々と出版されています。その中から，本書全体の参考になる本をリストアップしました。

清水由紀・林　創（編著）(2012). 他者とかかわる心の発達心理学——子どもの社会性はどのように育つか　金子書房

⇒ 私も編著者の1人で恐縮ですが，社会性の発達に関するさまざまな研究をわかりやすくまとめています。各章で実験や調査の工夫や苦労した点なども書かれていますので，卒論や修論など研究を行う方にも参考になります。

外山紀子・中島伸子 (2013). 乳幼児は世界をどう理解しているか——実験で読みとく赤ちゃんと幼児の心　新曜社

⇒ 社会性にかぎらず，認知発達全般についての知識が紹介されています。本書を読むことで，発達心理学研究のおもしろさを知ることができます。

森口佑介 (2014). おさなごころを科学する——進化する乳幼児観　新曜社
⇒ 最新の認知発達について幅広い範囲の研究がわかりやすく紹介されています。乳幼児の最先端の研究を知りたい方にお勧めです。

千住　淳 (2013). 社会脳とは何か　新潮新書
⇒ 脳科学的な視点も入った最新の研究がわかりやすく紹介されています。さらに深いことは，同著者の『社会脳の発達』（東京大学出版会）で学べます。

トマセロ, M.　松井智子・岩田彩志（訳）(2013). コミュニケーションの起源を探る　勁草書房
⇒ 人間のコミュニケーションの本質が緻密な実験と考察により解き明かされます。内容的に少し難しいと思いますが，知的興奮を覚えられます。

松井智子 (2013). 子どものうそ，大人の皮肉——ことばのオモテとウラがわかるには　岩波書店
⇒ うそを中心に，ことばとコミュニケーションの発達がとても興味深く説明されています。上のトマセロの本が難しい場合，先に読むとよいでしょう。

索　引（頻出する語は話題の中心や語句の定義となっている箇所のみ示した）

林　創（はやし はじむ）
神戸大学大学院人間発達環境学研究科准教授
京都大学教育学部卒業，京都大学大学院教育学研究科博士後期課程修了，博士（教育学）
日本学術振興会特別研究員（DC1，PD），岡山大学大学院教育学研究科専任講師，准教授を経て，現在に至る
専門は，発達心理学，教育心理学
著書に，『他者とかかわる心の発達心理学――子どもの社会性はどのように育つか』（共編著，金子書房），『問いからはじめる発達心理学――生涯にわたる育ちの科学』（共著，有斐閣），『大学生のためのリサーチリテラシー入門――研究のための8つの力』（共著，ミネルヴァ書房），『再帰的事象の認識とその発達に関する心理学的研究』（単著，風間書房）などがある

子どもの社会的な心の発達
コミュニケーションのめばえと深まり
2016年2月29日　初版第1刷発行　　検印省略
2018年7月31日　初版第3刷発行

著　者　林　創
発行者　金子紀子
発行所　株式会社 金子書房
〒112-0012 東京都文京区大塚3-3-7
TEL03-3941-0111／FAX03-3941-0163
振替 00180-9-103376
URL　http://www.kanekoshobo.co.jp

印刷／藤原印刷株式会社
製本／株式会社宮製本所

ISBN978-4-7608-2400-7　C3011　Printed in Japan